大学生教育与教学研究

DAXUESHENG JIAOYU YU JIAOXUE YANJIU

翟丹丹　安　涛　靳娇娇　著

中国纺织出版社有限公司

内 容 提 要

高校是培育人才的主要阵地，在新的时代背景下，高校应该致力于不断提高自身的教学质量和教育成效，从而为国家和社会的发展培育出更多具备较高综合素养的人才。立足于此，本书对当前大学生教育与教学工作的现状及未来的发展趋势进行了深入的分析与研究，力求通过本书的研究，能够使高校大学生教育与教学工作实现更为良好的发展。

图书在版编目（CIP）数据

大学生教育与教学研究/翟丹丹，安涛，靳娇娇著. --北京：中国纺织出版社有限公司，2020.5（2025 .5重印）
ISBN 978-7-5180-7299-6

I. ①大…　Ⅱ. ①翟…　②安…　③靳…　Ⅲ. ①大学生—教育研究　②高等学校—教育研究　Ⅳ. ①G645.5　②G642.0

中国版本图书馆CIP数据核字（2020）第059876号

责任编辑：赵　天　　责任校对：韩雪丽　　责任印制：储志伟

中国纺织出版社有限公司出版发行
地　　址：北京市朝阳区百子湾东里A407号楼　邮政编码：100124
销售电话：010-67004422　　　传真：010-87155801
http://www.c-textilep.com
中国纺织出版社天猫旗舰店
官方微博http://weibo.com/2119887771
河北晔盛亚印刷有限公司印刷　各地新华书店经销
2020年5月第1版　2025年5月第2次印刷
开本：880×1230　1/16　印张：7.75
字数：260千字　定价：95.00元

前 言

大学生的教育与教学涉及多个方面，首先，大学生的知识素养由科学知识素养、人文知识素养和社会学科知识素养等多个方面构成，以知识促进大学生的思维发展是育成核心素养的基本前提；其次，大学生的能力建设与开发十分重要，在市场经济的大背景下，人才资源成为国家的第一资源；再次，大学生思想价值观是思想政治教育学的重要组成部分，大学生作为社会上拥有较高知识文化和综合素质的人群，除了物质需要以外，对精神需要的要求层次也更高，思想价值观的根本目的是提高人们认识世界与改造世界的能力，在改造客观世界的同时改造主观世界，因此，正确认识大学生思想价值观，对于丰富思想价值观的理论体系，增强大学生思想价值观的科学性、针对性和实效性具有重要的意义；最后，良好的心理素质是大学生全面素质中的重要组成部分，是未来人才素质中的一项十分重要的内容，而心理健康是大学生健康的重要组成部分。

鉴于此，本书以“大学生教育与教学研究”为题，在内容编排上共设置四章：第一章着眼于大学生知识素养培育研究，诠释大学生知识素养、大学生知识素养培育的意义；第二章探究大学生能力素养培育，内容涉及大学生能力素养、大学生能力素养培育的意义；第三章基于大学生思想价值观培育的视角，论述大学生思想价值观、大学生思想价值观培育的影响因素；第四章通过对大学生心理健康、影响大学生心理健康的因素、开创大学生心理健康教育多元化的内容现状与形式以及建立大学生心理健康教育的维护与促进模式的解读，详细论述大学生心理健康教育。

全书内容丰富详尽，结构逻辑清晰，客观实用，紧密结合大学生知识素养、能力素养、思想价值观以及心理健康，力求对大学生的教育与教学提供有效的借鉴。

笔者在撰写本书的过程中，得到了许多专家学者的帮助和指导，在此表示诚挚的谢意。由于笔者水平有限，加之时间仓促，书中所涉及的内容难免有疏漏之处，希望各位读者多提宝贵意见，以便笔者进一步修改，使之更加完善。

作　者
2020年1月

目 录

第一章 大学生知识素养培育研究

大学生的知识素养由科学知识素养、人文知识素养和社会学科知识素养等多个方面构成。本章主要探究大学生知识素养以及大学生知识素养培育的意义。

第一节 大学生知识素养

素养，意为“日常的修养”，这种解释出自于现代汉语词典。由此得出“知识素养”的含义，即人们在知识方面的修养，其中，不仅包括人们对知识的认识、对知识的学习，还包括人们对待知识的态度等。人类与知识之间的关系是相互构建的关系，人们在创造新知识的过程中，能够实现自我塑造。不仅如此，学习知识同样能够帮助学习者进行自我塑造，所以提高大学生的知识素养对其人格塑造具有很大的意义。

一、大学生知识素养的内容

（一）科学知识素养及形成途径

了解“科学”，是了解科学知识素养内涵的基本前提。科学的定义有两种，广泛意义上讲，科学是一门学问，是人类对事物发生发展规律进行一切探索研究的统称。狭隘意义上讲，科学主要包括两方面的内容，一是人类对“自然世界”的认识，二是人类对“自然世界”的反映。正确地理解和把握科学知识，能够帮助人们树立科学精神，持续完善其自身科学知识素养，进而使之得到升华。学习理工科科学知识对在校大学生思维能力的提升具有非常重要的意义，能够帮助他们逐渐完善思维模式。

正确的科学知识素养并非天生的，而是需要人们去自我塑造，其中最主要的方式就是认真学习书本知识，重视大学生创造性思维的培养与开发。对数学、物理、化学、天文学、地理等理工学科知识的学习，有助于培养大学生的创造性思维能力。大学生不断学习书本知识的目的主要包括以下几个方面：①充分利用自我的创造性思维，发现“自然世界”的新鲜事物，探索事物发生发展规律，寻找真理；②逐渐丰富自身科学知识，从而更加快速地提高自我科学知识素养；③实践是检验真理的唯一标准，学习书本知识不仅局限于学，更主要的是应用，能够将所学知识应用于实践，于实践中出真知。

（二）人文知识素养的养成方法

提升人文知识素养，最有效的方法就是对人文知识进行持续不断的考证研究，认识“人文知识”是提升自身人文知识素养的前提。目前，人文知识的主要含义是指人类对“人文世界”的理解和认识。它是一种反思性认识，描述的是认识者对特殊内心世界的感受，具有明显的独特性。人文知识的掌握程度与培养学生人文精神、提升学生自身人文知识素养相辅相成，即掌握的人文知识越丰富，越有利于培养人文精神，提升人文知识素养。人们的人格在良好人文知识素养的影响下，会越来越健全。

科学知识素养与人文知识素养对人们的影响不同，前者注重于培养人们的创造性思维，而后者注重于人们精神和情操的养成。提升自身人文知识素养的重要途径就是学好书本知识，广泛涉猎历史、文学、艺术等各个方面的学科知识。另外，社会性是人的基本属性之一，社会关系指的是一种非常复杂的人际关系，由众多独立个体组成，这种社会关系对大学生提出了非常明确的要求，即扩大交际范围，完善社会关系，多与社会关系内的其他个体交流，以人为师，多交良友；以人为鉴，学习他人长处，弥补自身的缺点，逐渐实现自身修养的升华。

（三）社会学科知识素养及其促成策略

对大学生来讲，社会学科知识指的是一系列科学理论知识体系，此理论体系是在对科学知识的探索和现实社会生活的应用过程中产生的。社会学科知识与人们的日常生活息息相关，在某种程度上，社会学科知识可以成为人们生活的准则，对人们的日常行为具备约束作用，使人们的言行举止符合礼仪规范，还有为人们解决实际问题提供重要指导的作用。大学生自身生活的社会环境对其获得社会学科知识具有非常重要的影响。

对大学生而言，学好一门社会科学知识有其判断标准，即能够消化、吸收、理解所学的社会科学知识，并能将之运用到实践中。在实际生活中遇到问题时，能够应用所学的理论知识来解决。学生自身良好的社会科学知识素养养成的前提是学好书本理论知识，除此之外，社会学科知识与人们的社会生活息息相关，这就要求大学生必须要善于在实践中学习，要将关注重点转移到社会焦点问题上来，聆听大众心底的声音，了解社会的发展趋势，能够在遇到问题时，将所学的理论知识运用到实际生活中，找出矛盾的根源来加以解决。实现由以自我为中心到关注社会、由“小我”到“大我”的转变，坚定不移地逐渐完善自我的人格。

二、提高大学生知识素养的相关建议

（一）改革大学生教育模式

1. 完善课程体系

首先，课程的学时安排要合理。具体而言，对于以理工科为主的院校，在课程学时的安排上，要将工科类专业课程的学时安排更长一些，以便通过对专业课程更长时间的学习，使学生达到精通专业知识技能。对以文科专业为主的专业院校而言，则要侧重加大对文科类专业课程的学时投入，给学生更加充足的时间来消化和吸收所学知识。其次，课程的设置应多样化。无论是理工科院校还是文科类院校，都要重视课程设置在提升学生自身知识素养方面的重要作用，力争实现课程设置的多样化，努力培养优秀的综合型人才[1]。

2. 完善评价体系

首先，加大德育在综合测评中的比重。要实现学生在知识素养等方面的升华，就要不断地完善对学生的评价体系，就要更加注重德育在学生成长和发展过程中的重要作用；其次，要上好体育课，强身健体，增强体魄，这样不仅能保证学生的身体健康，而且，参加适当的体育锻炼在一定程度上也能让学生疲劳的大脑得到休息和放松，进而提高学习效率，最终实现知识素养的全面提高。

（二）大学生应做好自我规划

1. 培养大学生创造性思维

在学习方面，大学生要养成独立思考、自主解决问题的好习惯。创造性思维，顾名思义，就是思维方式要有创造性，在解决问题时能够善于运用新鲜独特的方法。在解决问题的过程中迸发出的新理论、新认知、新假设等的思维统称为创造性思维。对于个人发展而言，创造性思维能力的作用很重要，尤其在帮助人们养成良好的知识素养方

[1] 王克平，郭小芳，苏艳丽，等．新市民知识素养评价体系构建与实证研究[J]．现代情报，2019，39（4）：69-75.

面更为关键。

2. 明确大学生学习目标与策略

明确的学习目标是学好一门知识的重中之重。学习目标犹如茫茫大海中的灯塔，能够给人指明前进的方向，有了方向，才能够坚持不懈地使事情朝着好的方向发展。明确的学习目标是学好知识的基础，确立了基础后，还要培养对知识学习的热爱。有了明确的学习目标后，还须根据自身的状况，转变学习方法。适合自身的学习方法能够提高学生的学习效果。不仅如此，适合自身的学习方法还能够极大程度上提升人们的知识素养以及其他方面的素养。

第二节　大学生知识素养培育的意义

核心素养概念是世界经合组织（OECD）在发布的研究报告《为了成功人生和健全社会的核心素养》中率先提出的。联合国教育、科学及文化组织、欧盟、俄罗斯、美国和新加坡等国家和组织结合自身的文化背景，从不同的角度给予了不同的解释，从而构建起各自的学生发展核心素养理论框架。核心素养概念所表达的思想主要有三点内容：第一，核心素养的目标是培养全面发展的人，以保证个体人在复杂社会环境中取得个人发展的同时也对社会发展起到积极的作用，着重强调个人发展与社会发展是紧密相连的；第二，核心素养概念明确指出，只有在多种社会资源融合作用下把必备品格和关键能力有机融合，才可育成全面发展的人的基础，反思是核心素养理论体系中的关键词；第三，核心素养是把人的能力、方法、情感、态度和价值观等要素融合升华而形成的在复杂社会环境中处置所遇事务时表现出的心理特质，从而给出了育成核心素养的理论路径。[1]

心理学理论把人的心理活动分为三类：第一，认知。认知是人脑对事物属性的认识活动，包括感觉和知觉、意识和注意、记忆和想象等心理活动，是人与世界互动塑造自我的开端；第二，动机和情绪。动机和情绪、能力和人格又称为意向活动，支配、控制和调节着人的行为，与认知活动共同构成人发展的心理基础。其中认知和情绪是构成人类心理活动的基本方式，认知与情绪的加工过程是彼此交互的，而且它们的神经机制还存在功能整合，共同构成行为活动的基础；第三，能力和人格。能力和人格是人内在的心理特性。能力是人处置所遇事务实现行为目标的必要条件，主要由知识和技能组成。人格是在知识应用过程中形成的稳定的心理特征。能力和人格的形成都是在认知和情绪的共同作用下加工处理知识而发展起来的，是人行为活动的基本保证，两者有机融合升华构成人发展的核心素养。因此，核心素养是在知识的作用下促使人的心理品质发生变化的结果。

人是具有物质性和精神性、个体性和社会性等双重属性的客观实在，生活在既有道德性又有竞争性的社会中。面对由自然客观物质和

---

[1] 李颜如．核心素养内涵的人性基础建构［J］．南通大学学报（社会科学版），2019，35（5）：111-118.

人的主观意志所建构的复杂社会，人在处置所遇事务时，不但需要"关键能力"，更需要"必备品格"策略性地深度参与处置事务，才能实现与社会共同发展的目的，成为一个有能力的人、一个对社会有益的人。一个能够策略性地处理所遇事务，实现自己与社会共同发展的人也就是一个拥有智慧的人。人在处理所遇事务时是在历经认知、理解后，在情绪的参与下进行判断与决策，并采取一定的外显行为来进行的。而人的外显行为是他内在心理特质的反映，因此，人的外显行为就是其核心素养的显形表达，知识学习是育成核心素养的实然基础。

传统知识观以理性为标准，追求客观、确证和普遍的知识。作为以能动意识和自由意识为生命主体的人类，通过客观的方式对世界的本质和规律进行探索，运用知识加以包装和表达，以此来实现人和社会的终极目的——知识生产。尤其是在生产力被自然科学推进并取得巨大的成果后，人类普遍认识到，占据知识主导位置的是工具价值，实用知识就是有价值的知识，知识也可以成为实用的工具，这就是以杜威和詹姆斯为代表人物提出的实用主义知识观。

人作为独立的精神个体，通过学习知识构建自我，再由独立的自然人转化为社会人，是通过创造知识来改变这个世界的。而人作为精神个体，从拥有感觉、知觉和表现等偏于感性的认识，再上升到判断、推理等理性存在时，就形成了一个自然人合理存在的标志，这时，人可以通过理性的思维创造知识，来更好地探求真实社会和世界的本质规律，将生命的价值和意义合理化，从而更好地实现美好生活的愿望。人类知识的形成经历了漫长的过程，首先是不断地观察、归纳，最后是推理、判断等理性活动，其中也有失败等消极的经历，才形成了今天的智慧和知识。在这个知识体系中，蕴含着坚韧不拔、追求真理的精神，也包含着人类探索世界的方式和思维能力，所以，人类对生命本身的表达，全部包含在了所构建的知识体系中。将知识、方法、情感、态度、能力和价值观等多种因素组合起来，便形成了人的核心素养，人类核心素养的显性表达就是由符号象征的知识。

人，是一个独立且完整的精神存在，人的本质是要全面发展的，而构建以“关键能力”和“必备品格”相融合的精神世界便是全面发展的目的，要实现此目的，就需要人类核心素质的代表符号——知识。知识分为经验知识、理性知识、科学知识、精神科学知识、哲学社会知识、文学艺术作品知识、社会规范知识和传统习俗知识等。

教育的隐性功能是，通过触及心灵，培养学生的品格；通过感悟知识，体现生命的意义与价值。教育的显性功能是，让学生把握知识与技能，从而拥有活学活用、应变自如的处事待物的能力。而知识是教育、培养人全面发展活动的载体，所以，在知识的促进作用下使得人的心理品质发生变化，进而拥有了必备品格和关键能力两个核心素养的要素。传统教育学习知识的目标有三个层级：识记、理解和应用。在日常生活中，往往会以这三个标准来评判学习的成果能不能成为核心素养。核心素养能够使人感受知识的生命价值和意义，也能促进心理品质的形成和升华。

当前，生命知识经验分为两大类，即外在自我经验和内在自我经验。内在自我经验体现了真正关于生命价值的知识，而外在自我经验的价值则是知识工具。要想使人的生命发生关联并产生意义，则必须通过体验和理解，将知识由外在经验转化为内在经验，在由外而内的转化过程中，思维对于知识的加工起着非常重要的作用。

一、大学生知识素养对思维培养的意义

思维可以分为这几种形式：分类和比较、分析和演绎、归纳和总结、判断和推理等，它是人类在认识世界的过程中发生的高等的认知心理活动，是人类有目的地去接收和加工处理知识的复杂的心理活动。思维可以通过表象、语言、概念或动作来揭露事物的规律和本质。人类一直以来比较关注的话题之一是，如何才能很好地利用思维来构建知识，并促进思维的进一步发展和突破。人是非常理智且充满智慧的，不仅可以通过自己的思维将观察到的客观事实联系起来，揭示世界的规律和本质，并很好地利用此规律来创建适合人类发展的知识体系，还可以通过思维学习知识并育成核心素养，以此来解决实现发展时所遇到的问题。人类学习知识和创造知识，都属于思维活动。知识、环境、认知、动机、情感、能力和价值观等因素，都会对人类思维的发展造成影响。知识会通过人的思维过程，在动机、情感、能力和价值观等中逐一体现出来，使心理活动发生质的改变。所以，思维是核心素养形成的最基础的方式，因为必备品格和关键技能都需要知识学习和思维能力作为基础。

教育在理智方面的任务是形成细心的思维习惯。教育的最终目的是学会思考，而不仅仅是学习知识。人作为一个独立思考且具有能动意识的生命，一直在探索如何才能将知识转化为思考能力进而形成核心素养的方法。

人在某一种特定的情景中会不自觉地产生疑惑，疑惑的产生促使人有了思维能力，面对疑惑，人会调动所有的器官和知识进行一系列的观察、判断、分析、想象，继而各个击破，解决问题，这就是人思维的规律和发展的基本过程。需要特别注意的是，存在于人脑海中的知识，是由人结合自己的阅历、认知、理解、感触与价值观等这些自我经验，通过思维运作被准确理解并转化为内在的自我经验，而不是已经存在的客观事物的本身。人的思维能力需要借助知识来开展，只有将现实问题和已掌握的知识结合起来，才能促使思维发展，才能在解决问题的过程中实现自我经验的内在转化。

反思是养成核心素养的主要的思维能力方式，反思利用知识解决问题的基础过程，即将外在的自我经验转化为内在的自我经验，透过现象看问题的本质，将知识与生命的内在统一起来。思维能力是人在后天的系统知识学习中发展起来的，是思维意识、思维方法和思维习惯综合发展的结果。若想促进思维能力的发展，则需要身体活动和知识场域发生相互作用。就像我们平时所说的，教育不能脱离生活，传授知识要结合学生自身的条件来进行。

学校教育方式的特点是以知识为载体而开展的，用知识来搭建知识场景的细节与框架，在这个场景中将知识的三层含义依次表达出来而形成专门的生命场域。传统的知识观不能代表专门的生命场域，主要是因为它仅仅说明了知识的工具价值。而后现代主义知识的观点认为，信息、理解、技能、价值和态度等都应该理解为知识，特别应注重知识对于生命的意义和作用。当人的身体被生命场域中的经验、情感、态度、价值立场等多种信息刺激，进而多个器官被激发而使思维处于积极活跃的状态时，可以瞬间完成自我经验由内向外的转化，领悟生命的意义与价值，进而促进品质的升华和核心素养的形成。

二、大学生知识素养对体验和理解的意义

在哲学解释学理论中，体验和理解是人类作为实在存在的基本方式，也是认识生命的基本方式和开展实践活动的基础。理解是对以往的形式存在的主我的重新发现。体验则是人在关系情景中对此关系意义的浸融性的领悟活动。理解在体验的过程中发生，体验在理解中升华，体验和理解与客观事物交互作用是构成认识活动不可分割的一个整体。其中体验和理解的内容是表征生命的知识，从体验升华为理解的媒介是反思。在教育场域，理解进一步解释为人与知识符号的对话交流，并赋予符号以内在意义而认识生命的过程与方式。体验是作为主体的人在关系情景中亲历、体认与感知生命的活动。每一个体验都是由生活的延续性中产生，并且同时与其自身生命的整体相关联。因此，体验和理解都发生于真实情景中的生命实践活动，是在情感和认

知共同作用下的生成知识、感悟生命的思维活动。[1]

理解和知识之间的三大内在含义在教育场域也被划分为三个层次：第一个层次是基础层次，帮助个人形成基本的人生观和价值观；并且培养个人处理简单事务的能力。这就需要理解通过知识符号所展示出的客观性的世界本源和规律，在同知识的沟通碰撞中理解和遵守世界运行的基本规律和规则，充分认知客观事物之间相互的关联，从而对生命和自然心怀感恩以及敬重。第二个层次是完善层次，是在掌握基础能力的前提下提升关键能力，健全优良品格。要求在知识积累的过程中，首先需要认知影响知识产生的背景和形成方法，判断不同知识体系在物质以及意识之间的差异和联系，真切感受客观世界的错综复杂的联系。同时作为人类，运用自身掌握的知识去解决错综复杂的问题，让自己拥有更为广阔的视野和更为灵活的思维，不断完善自己的知识储备。第三个层次是升华层次，理解在知识范畴内起主导作用，通过接触人物和处理事务，领悟知识体系中人的重要性，结合实际的社会背景、生活经验和感受对知识进行再加工，将外在的本我经验转变为内在的本我经验，进一步加速核心素养的培养。将原有的经验转变为自己经验，不断丰富核心素养，从而实现人生价值。

理解和知识的三大内在含义揭示了本我与自我、本我与他人、本我与社会以及本我与自然的内在联系。换言之，当本我和社会产生关

[1] 蔡清田. 论核心素养的课程发展［J］. 中小学教师培训，2019（9）：32-36.

联时，知识的价值才能被体现。如何更清晰地认知历史存在和社会现实之间的种种联系，作为“此在”存在的人的含义就显得尤为重要。切身“体验”之后“此在”的种种社会生活关系才能更好地被“理解”。所谓的教育是将学生们置身于以知识为因素构建起来的生命场域中，让他们充分认知和感受本我与自我、本我与他人、本我与社会以及本我与自然的内在联系，在认知的过程中感悟人类知识的三大内在含义，并为实现育人的核心素养添砖加瓦。因此，理想的生命场域，教育结合符号知识体系、人类的思维方式以及生命的价值等因素之间存在的普遍联系转化而成的。进一步完善自我核心修养的执行活动。所以，教育需要合理结合符号知识体系，人类的方法思想和生命含义、价值等因素，并将众多因素铸造的世界的普遍联系转变为生命体验场域，为学生和各式各样的要素之间相互作用提供最佳的场所。更为重要的是，督促学生通过反复的深思性活动，在周而复始的体验和理解过程中，重新认知已经掌握的知识，并推陈出新，不断将外在的本我经验转变为内在的本我经验，逐步实现核心素养的培养。班级授课制的教学模式是目前普遍存在的传统教学模式，教育场域和生命场域在这种教学模式下被分离，学生仅能从教师身上获取工具性的符号知识，而无法认知到作为传达生命价值以及作为教育生活本身的知识。为了培养大学生的核心素养，学校也应该调整教学活动，实现两大转变，第一，灵活运用现代教育技术，实现将促使知识产生的历史世界、学校的授课世界以及学生真实生活的世界有机的结合，创造一个教育体验的生命场域。拥有了良好的场域环境后，学生需在认识和反馈客观世界的本质和规律、人类相应的处理方式和思维的基础上，对于在知识孕育的过程中的人物、事件和背景的关联性拥有更加准确的认知，并针对关联性给出适应的生命活动；第二，淘汰教师的知识传授者角色，摆正生命培育者的角色。教师、学生、情景和知识是构成教学活动的基本要素，教师作为最重要的环节，需要运用最适合学生的教学方式，做学生发散思维最好的引导者。这样才能促使学生明白知识的三大内在含义，并帮助学生培养核心素养。

综上所述，要想让大学生真正理解人类生命在知识中的价值和含义，实现通过知识学习达到培养个人核心素养的目的，就必须综合利用优秀的教育资源，将大学生置身于呈现知识三大内在含义的场域中，让大学生在这样的生命体验场域中体验和反思。另外，反复的深思性行为在知识体验和理解的交错中占据核心位置，不断的思考才能帮助大学生更好地理解蕴藏于知识中的深刻含义，帮助其培养核心素养。所以，体验、反思和理解三个因素相互作用，才能够真正实现通过学习知识从而达到培养大学生核心素养的目的。

第二章 大学生能力素养培育研究

大学生能力素养的培育，不仅是学生的需要，也是社会的需要，同时还是高校开发大学生能力的主动姿态。本章主要探究大学生能力素养以及大学生能力素养培育的意义。

第一节 大学生能力素养

一、大学生学习能力素养

高校在推进招生、培养和就业系统工作的实践中，深刻认识到提高大学生的学习能力是提高教育、教学质量的基础，也是提高学生创新能力、实践能力、交流合作能力、管理能力、创业就业能力和社会适应能力的基础。

（一）学习能力是大学生发展的关键

学习能力就是获取信息和知识、应用知识、创新知识的能力。在信息社会，不会学习难以发展，不会学习就容易在竞争中被淘汰，所以说，学习能力是一个人的生存能力、基础能力和竞争能力。学习是学生的天职，学习能力的大小不仅影响学生的现时学业成绩，而且影响今后事业的成败。可以说，学习能力是人的各种能力中最基本、最基础、最重要、最具有生命力的能力。

1. 大学生生存发展的基石是学习能力

市场经济的鲜明特点就是竞争性，在以市场经济为主体的社会中，竞争实质是知识与人才的竞争，归根到底是人的能力竞争，而学习能力是核心竞争力的核心。市场经济体现的是能力经济，在均等的机会中遵循优胜劣汰和资源优化配置的原则。市场经济运行的主体性要求人必须以能力为本位，因为只有具有相应的能力，人才能行使其自主权。

在科技知识日新月异，知识陈旧周期短、生产速度快的信息社会，学习不是一时之事，而是一生之事，学习是一种生活方式，是一种生存本领。任何人都要活到老、学到老，坚持全面学习、终身学习。在以知识为核心要素的经济社会里，学习能力成为每一个人发展的基础，提高学习能力也是建设学习型社会的必然选择。总之，学习能力是每个人生存发展的基石。

2. 大学生提高教育质量的基础是增强学习能力

教育部要求高校深化教育改革，增强学生学习兴趣，完善学生知识结构，促进学生个性发展，着力提高大学生的学习能力、创新能力、实践能力、交流能力和适应能力，全面加强大学生素质培养。学习能力作为五大能力之首，可见学习能力与其他能力相比的重要性。提高大学生学习能力，是高校贯彻落实质量工程的具体行动，也是提高教育质量的必然选择。

目前高校教学存在“五重五轻”现象，即：重知识传授轻能力培养，重课堂教学轻实践锻炼，重问题验证轻创新训练，重教学探讨轻学生研究，重单向灌输轻教学互动。这是忽视学生主体性和能动性，缺乏以学生为本的教育观念。加强学生学习能力培养，就是要树立教书育人和以学生为本的教育思想，改革教育内容、方式和质量评价体系，着力培养学生自主学习、全面学习和创新学习的能力。

从个人素质来讲，一个人的学习能力较差就难以实现学习目标，也难以提升自身的素质。要提高教学质量和学生综合素质，必须以提高学习积极性为前提，把学生学习的知识转化为品德、能力和方法，学生才能更好地达到预期的学习效果，学校才能实现人才培养的目标。

3. 大学生树立良好学风的需要是增强学习能力

在校大学生虽然已具有较强的主体意识、竞争意识、民主意识、平等意识和积极进取意识等许多优点和长处，但就学习而言，有相当一部分学生不同程度地存在“五不”，即：学习目标不明确、学习态度不端正、学习精力不集中、学习资源不会用、学习方法不科学等。目前，许多学生自我控制能力弱，缺乏学习的热情和勤奋刻苦的精神，被动学习多而主动学习少等。这种现象虽然不是十分普遍，问题也不一定都出在学生身上，但高校学风应该引起大家关注和重视。

加强大学生学习能力建设，就是要帮助学生掌握求知、会知、用知的本领，指导学生学会做事、做学问、学会共处、学会做人的本领，促进学生掌握能干、会干、干得好的本领，让学生在磨砺中培养良好的学风，使所学知识真正成为改变命运的武器。

（二）教师是提高大学生学习能力的关键

教师角色总是社会成员精神面貌的样板之一，教师的品行和精神内涵，代表着社会的文明程度。教育学生学会做人、学会学习、学会做事、学会做学问是每个教师的天职。

1. 树立以学生为本的教育观念

教师是教学活动的主体，学生是自身生活、学习、发展的主体；在教育、教学过程中，只有教、学双方共同努力才能实现教育目标。当今社会，网络已成为大学生的重要信息来源之一，学生学习知识的途径增多，学生不仅是知识的接受者，也是问题的发现者和研究者。在教师的指导下，学生具有发现问题和提出问题的能力，以及提出设想、分析资料和得出结论的能力。所以，教师在教育、教学的全过程都要坚持以人为本，注重树立学生主体地位，培养学生的主体意识和主体精神；在教学全过程中，要尊重学生，建立师生平等关系，在尊重知识和崇尚真理面前要放弃个人的体面，引导学生进行争论，激发学生的学习积极性和对问题探讨的热情，调动学生主体能动性。[1]

---

[1] 郑禹. 大学生能力体系研究［M］. 合肥：中国科学技术大学出版社，2008.

另外，基础教育新课程改革在不断推进，高校教师更要注重教学内容和教学方式、方法的改革，注重教学互动、教学相长，开展案例式、问题式、探究式的教学，增加教学实践活动；尊重学生在选择学习内容特别在学习方法上的自主，并逐渐从强制性运用学习策略过渡到学习策略的自觉运用。教师只有把培养学生学习兴趣、激发学生潜能、提高学生能力作为教学的着力点，把满足学生求知成才需要作为教育教学工作的落脚点，才能落实以学生为本的教育思想，更好地实现教育、教学目标。坚持以学生为本的教育思想，教师要走向社会、走向学生，用实际事例教育学生，把社会需要解决的问题带进课堂，把社会和学生的疑点、热点、难点问题引入课堂，用互动的方式培养学生的自主学习能力。

2. 指导学生学习方法

人类最有价值的知识就是方法的知识。人们认识世界和改造世界的方法是驾驭知识的知识。有了良好的学习方法，就可以在有效的时间收获更多的知识，起到事半功倍的效果。

学生要学会运用全部学习感官，这样，学习效率才会有所提高。如要学会激活大脑、勤练记忆力、学会选择信息、掌握储存的规律，创造性地加工信息，养成良好生活规律、防止大脑过度疲劳；激发对事物的兴趣，追求卓越目标。教师让学生掌握获取知识和提高能力的方法，掌握科学学习方法，就是帮助学生掌握了开启知识宫殿的金钥匙与自由地获取知识财富的途径。

（1）教师要进行学习方法指导。帮助学生确立目标、做好规划、选择方法等；帮助学生把握预习、听课、复习、阅读、考试、实践等学习环节；帮助学生掌握思考和积累资料的方法，掌握浏览、通读、精读三个层次的读书方法，以及浏览广、通读快、精读深，横向知识和专业知识要兼有、专业知识要精深的道理。通过学习方法的教育，帮助学生体验自主学习、合作学习、快乐学习的意义和作用，促进学生完善知识结构，培养学生勤于思考、敢于质疑、勇于探讨、善于总结的学习习惯。

教师要帮助学生学会计划时间、有效管理和利用时间，养成良好的生活、学习习惯。教师要帮助学生转变五个学习观，即：由依赖性学习转变为自主性、知识型转变为能力型、封闭式转变为开放式、传承型转变为创新型、学会型转变为会学型的学习观转变。教师要注重培养学生的观察力、想象力、记忆力和思维力、创造力，通过引导、碰撞和练习等方法开发学生学习潜能，提升学习能力，为学生的可持续发展构筑坚实的基础。

（2）教师要进行研究方法指导。知识经济时代的教育，其核心是培养人才的创新思维和创新能力。教师的职责就要注重培养学生的研究能力和创新思维能力。在教学过程中，教师要注重培养学生自主学习、研究式学习以及合作学习的能力，并把培养学生学习能力作为一项重要的课程目标。在教育途径上，教师要组织学生参与教学研究和科研课题组活动，指导学生做实验和小论文、小课题，让学生体验和掌握如何发现问题、研究和解决问题的方法，体验和掌握运用知识、提取信息、评价信息和使用信息的方法等，不断提高学生的创造性思维和创新能力。

（3）建立民主、和谐的师生关系。学生接受知识往往是以接受教师为前提，学习的兴趣和积极性是以教师教学的吸引力的大小为依据。所以，教师要注重营造严谨治学、勤奋刻苦、教学相长、管理有序的育人环境。教育者只有做到为人师表、教书育人、尊重学生和激发学生主体能动性，教与学双方才能增进理解，实现思想互动、教学相长、行为互促。

学习是迈向成功的通行证。知识改变命运，学习成就未来。学会学习能为自己创造更多的发展机会。学会学习、勤于学习是大学生的一种素质，一种基础能力。大学生只要树立自主学习观、全面学习观、创新学习观和终身学习观，注重向书本学习、向他人学习、向实践学习，就能掌握学习方法，不断提高学习能力。

（三）明确学习内容和学习途径

在现代化的社会里，学习是人自身发展的基础，学习也是运用知识的基础。学生只有明确学习内容和学习方法，才能自觉和有效地提高学习能力。学校通过开展学生走进图书馆、走进兴趣群、走进实验室、走进课题组、走进实践地的“五进”活动，培养学生向书本学习、向社会学习、向他人学习和向实践学习的意识，培养学生掌握学习的方法和途径，培养学生诚信、务实、负责、合作和进取的品格，培养学生厚书读薄的本领、知行统一的本领，目的是培养学生成为具有学习能力、实践能力和创新能力的人才。❶

❶ 彭文波，吕琳，徐陶．大学生专业满意度与学习投入的关系：自我调节学习能力的中介作用［J］．西南师范大学学报（自然科学版），2017，42（10）：146-152.

1. 明确学习内容

培养的对象与方式，是中国高等教育的首要问题，也是所有高校始终面对的现实问题。无论是教育学生学会生存、学会关心，还是教育学生学会共处、学会做事，其根本目的是教育学生学会发展、学会做人。教育学生“学会做人”是高校的主要任务，也是全世界教育的追求。教育就是要塑造学生的真、善、美的心理，培养他们自尊、自信、自爱、自强的人格，帮助学生确立追求真理、崇尚科学、自胜勤行、精诚敬业、学做真人、服务祖国的价值目标。学会做人要成为每个大学生最基础、最重要、最持久的追求。做人要以德为本，做人就要诚信、忠实、尽责；能力有限，责任无限，修养无限，学无止境。学会学习、学会生存、学会关心、学会共处、学会竞争、学会做事、学会做人，就是大学生的学习内容，而学会做人、学会做事、学会做学问则是大学生学习的重点。

2. 培养学生学习兴趣

兴趣是成功教育的基础，兴趣是最好的老师。要教育学生走进以爱好相同组成的兴趣群，激发学生拓展兴趣，以兴趣作为驱动力，让兴趣点集中在学习和能力训练上，变兴趣为特长、为能力。

（1）以感恩教育、责任教育和成才教育催生学习兴趣。感恩、责任和成才是激发学生刻苦学习最基础、最持久的动力，学生只有怀着对父母、对社会的感恩之情，树立知恩图报的思想，才能提升学习动力。社会性是人的根本属性，教育学生把握自己与他人、与社会的关系，确立对己、对人、对社会负责的意识，才能增强学习的积极性和保持学习的动力。一个具有感恩情怀和责任之心的人，才能较快确立人生的发展方向，确立成才、成功的志向，并勤奋、务实地追求人生目标。

以感恩为基础，视责任重如泰山，把成才作为实现人生目标的动力，才能产生对所学专业的热爱和学习欲望，才能培养出崇尚科学、求真务实、积极进取、永不懈怠的良好学风。

（2）让学生走进图书馆，在书海中激发学习兴趣。创新源于智慧，智慧源于学习。知识的有无决定了能否创新，知识的多少则决定创新的数量和质量；知识越丰富的人，其创新的潜力就越大。学习能力的重要组成部分是阅读力，阅读力强弱的标志主要是看一个人能否做到博览群书、博闻强记、学会运用。读书既能扩大一个人的知识容量，掌握博而精、博而专的学习方法，又能学会在书的海洋中培养和开发学习能力。走进图书馆，既是面向过去、学习前人的经验和智慧，又是面向现在、学习新知识、新思想和新观念，也是面向世界、学习先进技术和管理经验。

（3）加强道德修养，增强学生学习动力。学习使人拥有知识，知识使人多一份生命；学习引导人生，学习提升素质。学习与人的做人、做事、做学问和成才、成功的关系密切。一个注重自身道德修养的人，必然是一个感情丰富、热爱学习的人，必然是一个顾全大局、诚实守信、品行高尚、忠诚负责、积极进取的人，必然是一个热爱生活、关心他人、关心国家和人类命运的人，必然是一个有理想、有志向、有作为的人。一个人只有加强道德修养，才会崇学尚学、勤于理学、善于治学，才会有学习动力和精神力量。人只有常思父母之恩、常思做人之理、常思学习之道、常思求知之乐、常思发展之规、常思实践之真、常思社会之责、常思成才之志，才会明白学习的意义，才会更加注重道德修养。

3. 培养学生刻苦学习的学风

在科技进步日新月异、知识信息竞相涌故的形势下，当代青年学习的任务比以往任何时候都更加繁重而紧迫。大学生一定要在学习上下功夫，积累知识、培养能力、提高素质。大学生还要做到学贵刻苦、学贵勤奋，才能学有所思、学有所获、学有所成。

（1）学习要勤奋。达尔文提出“进化论”、哥白尼创立“日心说”、李时珍写《本草纲目》等，基本上都花费了30年左右的心血。无数成功者的经验告诉人们，凡有成就者，无一不是从勤奋刻苦中来。勤奋刻苦是成才的阶梯，是一切事业成功的前提条件。大学生要坚持日日学、日日思，所谓“书山有路勤为径，学海无涯苦作舟”，就是告诉学生们勤奋学习和刻苦钻研是通向知识顶峰的最佳途径。

（2）学习要谦虚。学习只有克服“满”字，才能做到谦虚勤学，不断扩大知识容量，不断在学习的过程中提升知识容量和学习能力。人生只有践行“谦”字，才能养成勤奋刻苦、虚心好学的学风，才会把学习作为终身事业，才会把学习作为人的生存状态而快乐地学习，才能把求知上升为对精神境界的追求。

（3）学习要有恒心。人的知识和才能是日积月累形成的，只有锲而不舍、坚持不懈、持之以恒，才能成为有理想、有知识、有才能的

人。学贵在勤、学贵在恒、学贵在专、学贵在新、学贵在用。学习是工作，这不仅是一种主观的求知愿望，而且是客观实际对现代人的要求。一个人只有审慎地去接受那些新思想、新信息，他的生命才能保持活力。

学习是一项艰苦而长期的工作，是终身的事情，要志于学（目标）、专于学、厚于学（厚积厚载）、勤于学、用于学。

4. 强化“问题”意识

“问题”可以保持人的好奇心和求异精神，可以开拓人的创新思维。人只有在好奇心的引导下，才会去探索被表面所掩盖的事物的本来面貌。“问题”不仅是学生学习的兴趣点、研究的出发点，而且能激发人的求知欲，是理论与实践结合的桥梁，也是变革现有教育、教学模式的一个切入点。学习能力的基本要素之一就是思维能力。思维能力强弱的标志，主要看学习者能否做到勤于思考、敢于质疑、善于质疑，并进行追根寻源，引起探索欲望。

创新始于“问题”，“问题”不仅能带动学习、推动思维、促进学习、改善学习，而且能提高自己掌握学习方法和增强解决问题的能力。学习的目的不是学会而是运用，不是模仿而是创新；要学用结合、学以致用、用以促学、学用相长，把知识资源转化为知识资本，把知识资源转化为创新能力、转化为生产力，这才是学习的真谛。

因此，学生要养成生疑、质疑、释疑的习惯，学会带着问题学习；学会发现问题、提出问题、分析问题，并围绕问题通过各种途径与方法进行探讨和解决。学校通过建立学生科研立项资助和科研奖励制度，让学生走进课题组、走进实验室、走进实践地，广泛开展小制作、小设计、小发明、小实验、小论文的“五小”活动，开展创意、创作、创新、创造和创业的“五创”活动，旨在培养学生的“问题”意识，促进学生提高学习能力、研究能力、运用知识服务社会的能力等。

5. 培养学生参与意识

《21世纪的高等教育：展望与行动世界宣言》明确提出：在当今这个日新月异的世界，高等教育显然需要有以学生为中心的新视角和新模式，要求国家和高等院校的决策者应把学生及其需要作为关心的重点，并应将他们视为高等教育改革的主要的和负责的参与者。这包括学生参与有关高等教育问题的讨论，参与评估，参与课程和教学法的改革，并在现行体制范围内参与制度政策和院校的管理工作。

学生是学习的主体，教育者要坚持以学生为主体，以学生需要为重点，在制定教学计划、进行教学改革和学校管理工作等方面，不仅要听取学生意见，而且要吸收学生参与，让学习主体有知情权、参与权、选择权和监督权，这样有利于培养学生主人翁意识和责任感，有利于调动学生学习的主动性、积极性和创造性，有利于形成教与学的互动及和谐的学习环境，有利于促进以社会需要为导向的教学改革，提高教育、教学质量。学校还要重视培养学生参与生产劳动和社会实践的能力，让学生在向实践、向人民群众学习的过程中丰富知识，增长才干。

二、大学生合作能力素养

随着交通、信息技术的飞速发展，世界各个国家之间的经济、政治、文化等交往越来越频繁，人们相互联系、相互沟通、相互交流、相互合作的机会大大增加，知识经济呼唤人的相容与合作，全球经济一体化呼唤合作双赢、共赢、多赢。人们处在竞争与合作共生、共存的时代，要更加注重合作共处、合作共赢。培养大学生的合作精神是高校的职责，提高大学生合作能力是社会发展的需要，也是大学生自身发展的需要。[1]

（一）合作及其要求

合作是指相互配合做某事或共同完成某项任务。合作能力就是人的相处共事的能力。诚信是合作的基石，自律是合作的保证，发展是合作的关键，团队精神是合作的财富。合作观念是个人融入群体的前提条件，个人只有积极融入群体组织，才能很好地在群体中分享知识、信息、快乐和文化，不断提高自己的素质和能力。互利共赢是良好合作的基础。

1. 合作与合作能力

社会互动中，人与人、群体与群体之间为了达到互动，各方都有

[1] 环敏．合作学习：大学生创新能力培养的价值意蕴［J］．物理教师，2009，30（10）：64-封3，53.

某种益处的共同目标而彼此相互配合的一种联合行动。换言之，合作就是通过相互协调、相互配合、相互帮助，为完成共同事业而形成的团结协作、共同发展的品质和精神。合作是一种形式、一种状态、一个过程，其实质是追求发展和利益。合作能力是人与人相处共事的能力。

合作能力是人的规划、协调、选择、求同存异和争优创优的能力。合作能力是人生发展过程中的重要竞争力。人只有养成合作的习惯，不断弥补自己的不足，才能不断完善自己，更好地发展自己。在人生发展中，坚持走合作的道路，相互借力、用力、整合人力资源，就没有实现不了的目标。

2. 合作的要求

21世纪是一个合作的时代，合作已成为人类生存的手段；个人的发展需要借助他人的智慧和经验，因此，双方要共同遵守合作规则，要积极交流问题，共同研究解决问题的方案，以负责的态度解决问题，确立双赢思维，风险共担、利益共享。

（1）诚信是合作的基石。人与人之间的亲和力和信任度已成为人们成功的关键。提高别人对自己的信任度越来越成为掌握自己命运的要素。合作是两人或多人共事，其出发点是人力资源优化配置以收获更多效益，但相互间经验、认识、能力的差异客观存在，要形成团队必须把诚实守信作为共事的基础。合作要实现共赢，就要注重选择合作对象，善交益友、善交良友，以诚相待、以敬相待，才会有良好的合作。个人的成长、企业的发展、事业的成功、文明的进步都是建立在合作基础之上的。

（2）自律是合作的保证。合作是围绕共同目标，展示集体力量或团队精神，追求共同利益，任何个人行动都要服从、服务于共同目标。在合作的时代，一个人只有把握和控制好自己的情绪，严于律己、理智思考、理性生活，才具备合作的基础。自律是文明的表现，自律是一种素质、一种美德。人最难战胜的是自己，最难控制的是情绪，合作就要学会控制自己的情绪、克制自己的欲望，学会宽容别人，牢记“制而后胜”的道理。没有自律精神的合作者，难以形成团队力量或团队精神，从这个意义上讲，自律精神是团队精神的精髓之一。

（3）发展是合作的关键。合作的出发点和落脚点都是使合作双方获得发展、赢得利益。合作产生力量，因为团结所创造的价值大于个体创造效益的简单相加；合作维系事业，关键是合作双方的目标都要追求把事业做大、做强。共同的奋斗目标是合作的基础和关键。

为了实现更好的发展目标，就要建立科学规划、决策有力、项目负责、协调有效的领导机制；建立职、权、责、利相统一，实行科学民主、公平正义、规范有序和创新创优的管理机制；要重视培养团队的技术骨干、宣传骨干和管理骨干，并为骨干创造自由、民主、愉快的工作环境；要建设信息通畅、交流及时、资源共享、团结一致、共同奋斗的良好团队精神。合作为了发展，发展促进了合作。合作的最大功能在于整合个人资源优势完成单个人无法完成的事。对于合作双方来说，共同的发展需求，共同的奋斗目标是完成合作的关键之处。

（4）团队精神是合作的财富。合作是无形的资产，团队精神就是合作的最大财富。人是各种资源中唯一具有能动性的资源，能够合理配置人、财、物和信息，而调动人的积极性和创造性是资源配置的核心。团队精神就是将合作者的智慧、力量、经验等资源进行合理的调动，进行优化配置，产生出无论在数量上还是质量上都远远超出原有成员能力的新力量，使团队收益最大化。团队精神就是大局意识、协作精神和服务精神的集中体现。

合作者要树立“我为人人，人人为我”的思想，合作的内部、部门之间、上下级之间、组织与组织（客户或顾客）之间的关系相当于供应链和利益链，这种关系只有通过相互协作、团结合作、群策群力才能圆满地完成。好的组织就是通过自我调节、优化配置，把“摩擦”和“内耗”降到最低点。要树立主动服务的思想，在日常工作中，发展规划和目标确定后，就要关注过程和细节，合作双方都要重视一些容易被人们疏忽或者遗漏的地方和事情，主动拾遗补缺，为其他部门提供优质服务，尽责、尽力、尽心地帮助他人解决问题。

（二）大学生合作精神的重要性

在现代化的经济社会中，任何个人的力量都是有限的，知识经济呼唤人的相容与合作。因为，目前的事业是集体的事业，竞争是团队的竞争，与他人相容、懂得合作、善于合作的团队，获得成功的机会才会更大。

1. 国家的发展战略是合作共赢

合作是和谐社会的特征，也是时代赋予人的基本要求。《中共中央关于加强党的执政能力建设的决定》第一次明确提出了构建社会主义和谐社会的思想，社会主义和谐社会是“全体人民各尽其能、各得其所而又和谐相处的社会”，其基本特征就是《中共中央关于构建社会主义和谐社会若干重大问题的决定》中论述的民主法治、公平正义、诚信友爱、充满活力、安定有序、人与自然和谐相处，社会主义和谐社会从本质上要求：人和自然之间、人和人之间、人和社会之间和谐统一，其中人与人的和谐是核心。和谐精神作为民族精神的重要组成部分，包括：合作精神、协作精神、团结精神、顾全大局、团队精神、集体主义精神等丰富的内涵，其中集体主义精神、合作精神和团队精神尤为重要。

目前，经济全球化深入发展，科技进步日新月异，人与人的合作、单位与单位的合作、城市与城市的合作、区域与区域的合作、国家与国家的合作等各级组织的合作表明，“合作成就事业”已经成为当今社会的共识。坚持和平、发展、合作，推动建设持久和平、共同繁荣的和谐世界。合作共赢已经成为国家发展战略。

2. 大学生必须具备合作能力

一个人的能力都是有限的，人们只有养成与人合作的良好习惯，用他人之长补自己之短，才能更好地完善自己，发挥各自优势和群体的人力资源优势，才能在事业的进取中勇往直前。一个人的成功，很大程度受人际关系和他的外事能力影响。在人的生存和发展过程中，如果说个人的努力奋斗是一分耕耘一分收获，那么善于与人合作者，就会一分耕耘数倍收获。无数事实证明，人际关系伴随着人们一生；

合作可以借助他人的智慧和才能实现自己的超越，放弃合作则难以成就事业。

目前，信息就是知识，信息就是资源，信息就是力量和财富。学生在学习、生活、工作中进行合作，有助于相互沟通信息，增加知识容量，拓展自己的视野，使自己生活充实而富有活力。每个人都有归属、情感的需要，合作有助于人们交流感情，促进身心健康；合作双方或多方虽然存在利益、经验、目的等差异，但合作能让人学会排除障碍、缓解或化解矛盾、有序生活，有助于人们协调行为，完善自我。学生学会合作，是生存与发展的需要。在构建社会主义和谐社会的过程中，高素质人才必须具有较高的自我意识、合作意识和处理人际关系的能力。学会合作是新时期人才的必备素质，合作精神对于作为未来社会中坚力量的当代大学生来说，有着越来越重要的意义。一个具有合作意识、合作素质又善于合作的人，必定是能够站在别人的立场上考虑问题的人，必定是一个善于满足他人需求的人，必定是一个开拓进取的人。所以，培养学生合作精神也是素质教育的重要内容。

3. 合作是学校生存发展的必然选择

作为社会的组成部分，合作是高校生存发展的必然选择。目前的市场经济是以知识为重要生产要素，以知识为生产核心资源的经济；市场经济影响和推动高等教育发展，使高校与社会各方面的联系更加广泛、密切、直接，高等教育将逐步与社会融为一体，成为社会不可分割的重要组成部分。因此，在开放办学的新形势、新环境中，学校要与地方政府合作，实行校地共建；要与企业合作，走产、学、研合作道路；要与用人单位合作，与实习、见习、实践单位合作，开拓就业市场和促进人才培养模式改革；还要进行校际间合作，进行国际教育交流合作等。校内领导间要进行配合、合作，单位间要进行合作，人与人要合作，学校人力、物力、财力资源要整合优化等。

没有合作就没有和谐的人际环境，没有合作，学校就难以生存和发展。高校是人力资源最富有的地方，更应该把学校发展作为科学民主、集思广益、发挥众人智慧和力量的地方，注重培养人们的合作精神和团队精神，并在构建团队精神的制度安排上影响学校的管理水平和办学质量。合作是人类社会赖以生存和发展的重要动力，学会合作、学会共同生活，培养学生在人类活动中的参与和合作精神是教育不可缺少的重要组成部分。培养学生合作精神也是学校的教育内容和教育责任。

（三）培养大学生合作能力的措施

现代社会不仅注重个人才能，更注重人的合作精神和集体智慧，注重人与人之间的相互合作。合作对于学生全面和谐的发展是十分重要的。能力有限是每个人都存在的问题，在人的生存发展中，只有懂得合作的人，才能获得更大的生存空间；只有注重合作的人，才能获得更多的发展机会；只有善于合作的人，才能赢得更好的发展。

1. 培养大学生合作学习

合作学习作为一种新的学习方式和教学观念，不仅能够激发创造力，有助于培养学生的合作意识和合作技能，有利于培养团队精神，增进相互之间的认识与理解，而且能够使学生在合作的过程中不断地扩展和完善自我认知、提高学习能力。

合作式学习是课堂教学改革要倡导的学习方式之一，教学过程中加强师生互动合作，教学双方都能通过合作从对方获取有用的信息来填补自身在信息、知识和能力等方面存在的不足，并得到心理上的满足、信息上的拓宽、知识上的增长和能力上的提高。学生要发挥主体能动性和创造性，各抒己见，取长补短，集思广益，愉快参与，积极表达，互动互助，达到共同进步。合作学习是师生双方实现相互间信息交流和资源整合的过程。

（1）培养学生的合作学习风气。教师在课堂开展合作式教学，实现师生互动、教学相长；在课堂作业、实验、实习、实践等环节，注重培养学生合作意识和习惯。要根据学生兴趣和特长，选择有利于产生争论的、有价值的，而且是个体难以完成的内容，让学生在独立思考的基础上交换意见，认识、体验、感悟互助合作的快乐；要议定一些课题，让学生以团队形式完成，培养学生学会尊重、遵守规则、积极思考、互相配合、交流沟通和讨论思辨的作风，学会把相互间的差异和个性转化为团队资源。

（2）组织学生开展合作活动。学校要根据同学们的兴趣和爱好，组建学习型、研究型组织或社团，积极参与教学内容、教学方法的研究，积级参与课题和社会调查活动，以及实验、实习、实践活动等。学生可以通过课程学习团队、课题研讨团队、实验研究团队、实践活动团队和兴趣小组等组织形式，体验和感悟合作的意义，提升自己的合作能力、研究能力、集体主义精神和合作精神。成功的合作学习有利于激发学生学习热情和灵感、开发学生智力，有利于学生取长补短、共享信息、增长知识，有利于为更多层次的学生创造表现的机会，有利于促进学生愉快健康地发展。

2. 通过宿舍培养大学生合作精神

人与人之间的合作在生活中很常见，合作精神的重要性体现在人们生活的各个方面。只有把自己同众多的合作对象进行反复比较，才能正确认识自己。大学生在合作的过程中，可以合作对象作为认识自己的标尺，量出自己的长处和短处，不断地调整、充实和完善自己，确定和树立自我形象。

大学生在宿舍活动时间长，个性和要求存在差异，又远离老师，其活动具有互动性、随意性。宿舍成为学生学习、生活、休息、交流和娱乐活动的多功能场所，也是学生最活跃、最普遍的第二课堂。因此，宿舍是一个“小社会”，是学会生存、学会尊重、学会理解、学会共处、学会做人、创造人生的“驿站”；是进行信息交流、体验生活、感悟人生、锻炼本领、酿造收获的生活“舞台”；是学生学会规划、学会学习、确立理想、完善自己、凝聚实力、成长、成才的“基地”。

所以，要以宿舍文化建设为重点，把宿舍作为培养学生合作精神、创建和谐校园的基地，作为学校开展合作、和谐教育的最佳选择点。高校要把“和谐宿舍”作为文明创建工作的重点，以学会理解、学会包容、学会共处、学会合作为着力点，不断完善制度建设和管理措施，开展丰富多彩、格调高雅的宿舍文化实践活动。各级学生会应积极组织同学开展以“文明、民主、和谐”为主题的“和谐宿舍”创建活动，精心培育大学生的文明素质、交往能力和高尚的审美品格，提高学生的团队意识和合作精神。

3. 通过活动培养大学生合作能力

合作能力的培养与人类自身活动是分不开的。能力与活动相伴，相应的能力是通过相应的活动体现出来的。人是否有合作能力既是理论问题，也是实践问题。学生的合作能力强弱，是通过学生主体在实践中展现自己的思想、语言、行为来衡量的，离开认识和改造社会的实践活动，就难以培养大学生的合作能力和合作精神。

各类科技、文化和体育活动都是培养学生合作能力的有效途径。要提倡参与比取胜更重要的意识，加强“更快、更高、更强”的奥林匹克精神教育，引导学生超越自我、追求卓越，培养学生公正、拼搏和团队精神。以活动为载体，广泛开展科技、文化和体育活动，开展围棋竞赛活动，让学生在活动中认识、感悟、体验围棋的“全局观”；要多开展篮球、排球、足球、拔河等具有团体性的体育活动，培养学生团结合作意识。要积极为学生提供活动的空间和舞台，鼓励学生自己设计、自主组织、自己实施和自我评价，学校还要奖励那些精品活动或优秀活动的组织者、设计者和实施者，扩大学生参与活动的覆盖面和参与率，调动更多学生参与活动的积极性和创造性。

高校要加强对学生兴趣组和社团的管理，鼓励、支持学生组建社团和开展各种活动，培养学生合作共事的能力，以及自我教育、自我管理和自我服务的能力。要实行学生干部年度轮换制和辅导员工作助理制，指导和支持学生的自我管理，让更多学生参与管理、参与服务，培养学生整体意识、服务意识和合作精神。要以校训、校风、教风、学风、校歌和学校精神为主题，培养学生的爱校意识、团队思想和进取精神，营造团结、合作、竞争、民主、和谐的校园文化环境。

4. 培养大学生的人际交往能力

人际交往是现代人的重要素质，是衡量一个人是否适应社会的重要标志。交往使人积累知识，掌握技能，有利于人的个性形成和社会适应性的增强。人际交往能力就是觉知、调控、管理他人情绪的技巧与能力。人际交往能力可以强化一个人受欢迎的程度、领导和管理权威、人际互助的效能等。人际交往要遵守交往原则，以理解为先导、以平等为基础、以诚信为根本、以情谊为重、以宽容为度，推进学业、事业成功。学生要学会和善于与优秀者交往，可以学习他们的优秀品质、独特思维和优良学风，增加自己的智慧和力量，使自己在知识上、道德上、精神上和作风上成为一个有实力、有方法、有作为的人。

高校要开设人际交往能力和合作能力的讲座或课程，帮助学生了解和掌握交往合作的观念、知识和规则，通过对典型案例的讲解、分析、归纳和点评，激发学生对交往、合作的兴趣，启迪学生双赢思维，训练学生交往、合作技巧，提升学生交往、合作的素质，培养学生合作精神和团队精神。教育学生懂得：善心结人缘，合作产生力量。人与人合作的绊脚石是猜疑，人与人合作的致命弱点是嫉妒，宽容是合作的重要因素，合作是无形的资产，唯有合作才能共同发展，良好的人际关系是事业成功的关键。

大学生正处在竞争与合作共生、共存的时代，以合作求发展是时代的鲜明特征。合作是无形资源，合作是成功的法宝，善于合作就会共赢、多赢。合作者要以诚相待，在合作中竞争才能走向成功。大学生要在学习、生活和工作的全过程中，通过各种途径积累知识、总结经验、掌握方法和提高能力，积极培养自己的合作意识、合作技巧、合作素质，培养自己的合作精神和团队精神，才能为自己成就学业和事业打下坚实的基础。

三、大学生实践能力素养

实践是人的思想发展的动力。加强实践教育，提高学生实践能力，是学生发展之需，是高校贯彻教育方针的务实之举，是造就高素质人才的有效途径。如何加强实践育人工作，建立实践育人体系，是高校教育工作者需要共同探讨的问题。

（一）造就高素质人才的途径是实践

在现代教育中，人才培养是大学的根本任务，质量是学校发展的生命线。对于人类来说，个人能力的全面发展在人的全面发展理论中是一个重要的价值目标，因为人的全面发展归根到底是个人能力的全面发展，而实践教育就是培养学生能力，造就高素质人才的最基本、最有效的途径。

1. 实践教育是高校发展所需

知识经济时代，知识成为生产的核心资源，教育与经济、科技、生产和社会发展的联系更加紧密、更加全面，相互依赖大大增强，教育的服务性和实践性越来越显著，社会对实践型人才的要求越来越迫切。《教育部财政部关于实施高等学校本科教学质量与教学改革工程的意见》（教育部教高［2007］1号文件）与《关于进一步深化本科教学改革全面提高教学质量的若干意见》（教育部教高［2007］2号文件）明确指出：大力加强实验、实践教学改革，高度重视实践环节，提高学生实践能力。要大力加强实验、实习、实践和毕业设计（论文）等实践教学环节，特别要加强专业实习和毕业实习等重要环节。教育部一直反复强调要加强质量工程建设和重视实践教育，这说明进行实践教育，提高学生实践能力与提高教育质量之间关系的紧密性和重要性，也说明实践教育、教学改革的紧迫性和艰巨性。学生缺乏实践知识、实践能力、实践精神和实践素质，社会适应能力弱，社会适应周期长，增加社会再教育的成本，造成教育资源和人力资源的浪费，也增加了用人单位的培训成本。[1]

高等教育的目的是通过知识传递的过程，让学生拥有知识、运用知识和解决实际问题，成为有益于社会的人。如果高校培养的人才不能适应社会需要，既影响学生就业和创业，也影响高校的社会声望，还会制约学校的可持续发展。实践教育是当代教育发展的必然趋势，实践性也是现代教育的一个总体特征。大力加强实践教育，努力提高

---

[1] 王淑静，张文君，张家宁，等. 实行三位一体对接模式提高大学生实践和创新能力［J］. 实验室研究与探索，2019，38（3）：178-180.

学生实践能力，不仅是经济社会发展的需要，是落实教育部文件精神的需要，而且也是当前高等教育自身健康发展的需要。

2. 实践能力是学生发展所需

成人、成长、成才、成功是大学生的追求。社会实践是人的思想发展的动力，是人的思想认识的目的和检验人的思想的标准；教育与生产劳动和社会实践相结合，是造就全面发展人才的解决办法。学生基本上已经认识到，实践知识缺乏会制约着自己的发展，实践精神和实践能力对自己成才、成功的重要性。因此，在就业艰难和用人单位对学生素质的要求越来越高的情况下，学生增强实践知识和实践能力的意识越来越强，学生对建立应用型和实践型人才培养机制的要求越来越迫切。

学生要求学校加强教学实践和社会实践教育，希望自己能参与有组织、有计划、有目的的活动，走出校园、走向社会、走进实践地，带着任务开展社会实践活动。许多大学生亲身实践后感受到，社会实践活动有助于大学生接触基层群众，体会生活的价值和意义，增强群众观念和劳动观念；有助于学生认识到所学知识与社会需要的差距和不足，从而激发学生学习主动性和积极性，不断调整和完善自身的知识结构，增强学生的适应性和创造性；有助于促进学生的人际交流和沟通，正确认识和评价自己，摆正自己的位置，培养健康的心理素质和团结合作精神等。实践教育环节对大学生学习知识、增长才干、奉献社会、锻炼能力、培养品格，增强社会责任感具有不可替代的作用。高校能否重视和加强实践教育，是关系到学生生存和发展的问题。实践活动既能培养学生的学习能力、实践能力以及其他能力，也是提升大学生道德素质的基本途径。当代大学生迫切需要在实践中锻炼成长。

（二）重视实践能力的培养

培养学生实践能力是一个系统工作。就学校内部而言：在内容上，涉及办学理念、培养模式、教学改革和保障措施等；在组织上，涉及教学、管理和服务等单位；在人员上，涉及领导、教师、学生和管理人员等。所以，高校要构建实践育人理念和实践育人体系，必须全方位、全过程地推进实践教育，着力培养大学生的实践能力。

1. 教育与实践活动相结合

实践能力的培养需要通过教育，提高学生的实践知识、实践素质和实践精神，如果没有具体活动为载体，或者说离开实践活动，就根本不能培养出学生的实践能力。

（1）培养学生实践能力，要做好课程实践教育。课堂教学是实践教育的主渠道，在基础性、综合性、创新性的教育基础上，要通过教学内容与教学实践、教学目的与社会需要、服务社会紧密结合，把培养学生的实践思想、实践素质和实践精神的内容贯穿教学的全过程。要针对不同专业，精心设计实践教学模块，合理安排教学内容，突出针对性、真实性、实用性，使专业实践的各环节落在实处；在教学过程中，要加强大学生课程作业、课程实验、专业技能训练和专业实践工作，促进大学生增强实践意识和实践能力。

（2）培养学生实践能力，要充分发挥大学生主体作用。要根据专业培养目标，以教师为主导，和学生共同设计实践教育的方案，并作为培养学生实践能力的主体方案，这样既有利于指导大学生根据自身特点制定实践训练方案，也有利于发挥学生实施实践方案的主动性、积极性和创造性。学生组织可以根据社会对人才素质的需要，设计实践能力训练方案，依靠学生自己的力量有组织、有计划地实施；学校要负责对各方面的实践方案按专业进行优化、整合，以增强实践效果，不断提高学生的实践能力。

（3）培养大学生实践能力，要广泛开展实践活动。高校是知识的殿堂，在校园里要注重建立艺术角、科学角、英语角、文学角、数学角等具有文化特点的区域，让兴趣相同的学生有固定的学习交流的地点，同时也有利于促进校园文化氛围。要广泛开展德育实践、专业实践、科技实践、文化实践、社会实践和就业实践活动，鼓励学生根据兴趣组建学习型社团，根据专业特点开展多种形式的实践活动。只有多样化、丰富性和实践性的教育、教学实践活动，才能提高全体学生的实践能力。

2. 继承与改革相结合

由于传统教育思想的影响，高校教育重书本、轻实际，重理论、轻实践，重知识、轻应用，重记诵、轻技能，重思辨、轻能力，重学校、轻生活等现象有所改变，但学生仍然存在实践素质的缺陷。所以，高校既要坚持继承传统教育的严谨性、规范性和科学性，又要突出教育为人民服务、为生活服务、为社会服务、为实践服务的教育思想。坚持教育为社会主义现代化建设服务，与生产劳动和社会实践相结合的方向，建立以能力为主线的实践育人体系。坚持德育实践、专业实践、科技实践、文化实践、社会实践和就业实践六大实践，并要对六方面实践实施统一组织、统一设计、统一要求、统一考评，做到课内与课外、校内与校外实践活动一体化，实现实践能力培养的规范性与整体性。

3. 学校与社会相结合

人是环境的存在物，人的实践能力是人在与环境的相互作用中得到发展的。学校与社会相结合需要做到以下两点：

（1）加强实践环境建设。开展实践教育，培养学生实践能力，要营造良好的认识环境、思考环境、活动环境、实践环境和社会环境等。学校要通过学分制和弹性学制的管理，给学生更多自由和自主的时间开展实践活动。学校要本着以服务取得支持、以真诚求得合作、以贡献获得发展的态度，坚持校地、校企结合，共同培育实践基地，建设好校园和社会两个实践环境，为学生提供广阔的实践锻炼的空间。

（2）重视专业与行业联动。实践教育是一种教育思想，更是培养大学生能力的有效途径。为了缩短大学生能力素质与行业要求的差距，要建立专业与行业的联动机制，既要让学生在实验室和校园内实践，也要让大学生到行业第一线进行实战，寻找专业知识与行业需要的结合点，寻找自己能力与行业要求的结合点，以便有目的、有计划地完善知识结构，进行能力训练。

（三）构建实践体系以提高大学生实践能力

加强实践教育，提高大学生实践能力是一个系统工作。体系结构的合理性、知识的完备性和实施的规范性，决定着实践教育的实效性。所以，要创新实践育人模式，建立以教学改革为先导、以制度建设为保障、以能力培养为目标的实践育人理念，构建以德育实践、专业实践、科技实践、文体实践、社会实践与就业实践六位一体的实践育人体系，旨在促进“教、学、做”合一，缩短学生的社会适应期。

1. 引领学生的精神追求

德育实践就是要深入贯彻落实《关于进一步加强和改进大学生思想政治教育的意见》和十九大精神，始终坚持“德智体美、德育为先”的教育思想，坚持以理想信念教育为核心，以民族精神和时代精神教育为重点，以公民基本道德规范为基础，以学生全面发展为目标，坚持用中国特色社会主义理论体系武装学生头脑；坚持言行一致，知行统一，以及践行社会主义的公民道德规范的能力等。

（1）进一步健全理论学习网络。坚持以思想政治理论课和哲学等社会科学课程教学为主渠道、主阵地，开展“精彩一课”活动，实施互动式、参与式、研讨式教学方法，增强理论教学的感染力和吸引力。学校要重视学习型党团组织、学习型社团的建设，依托党团组织、学习型社团，开展团校教育活动；充分利用课堂教学、网络资源、广播、板报、橱窗等，构筑全方位的理论学习网络体系，帮助学生树立正确的世界观、人生观、价值观和道德观。[1]

[1] 马国勇，史元．“双创”教育对大学生实践能力的影响机制研究［J］．继续教育研究，2019（2）：34-39.

（2）以多种途径落实德育工作。落实德育工作，要坚持“五抓”，即：抓骨干、抓活动、抓社团、抓网络、抓实践。德育实践坚持以党员和入党积极分子为主体，对他们进行党团知识培训，发挥学生骨干的示范和带头作用；组织学生开展“理性上网、我爱学习”“创优良学风、做文明学子”等主题教育、主题演讲、主题调研、主题报告等活动，以及其他社会实践活动；加强对青年志愿者组织的指导，开展社会公益性活动等，提升学生道德能力；坚持学风和文明督查，评定表彰校园“十佳道德模范”等多种形式的活动。教育学生以先进典型引导自己，以崇高的理想激励自己，以负责的态度管理自己，以务实的行动成就自己，以内涵丰富的德育实践活动引领学生的精神追求。

（3）加强公民道德教育与实践。高校要持续贯彻落实《公民道德建设实施纲要》，以践行公民道德基本规范为着力点，培养社会主义现代化建设的合格公民。要积极开展语言文明、教室文明、宿舍文明、就餐文明、考场文明、网络文明、交友文明、精神文明八大文明修身工程。要不断完善管理制度，规范管理，加强文明督查，通过各种宣传营造舆论氛围，引导学生从自身做起，从小事做起，诚实守信、遵纪守法、文明处事，做文明学子、当时代先锋。

（4）坚持零距离学生工作。坚持零距离教育、零距离管理、零距离活动和零距离服务，使教育服务工作贴近实际、贴近学生，引导学生进行自我教育，帮助学生解决实际问题；通过管理制度的源头参与，让管理理念深入学生，管理制度围绕学生，管理手段亲善学生，把制度变为学生自觉行动；与学生共同设计活动方案，共同开展能促进学习、团队精神和娱乐健身的活动，在活动中提高学生的能力和素质；坚持以“五关”活动为主题，开展“零距离”服务。开展“五关”活动，即：关爱经济困难学生送助导、关注学习困难学生送辅导、关怀心理困难学生送疏导、关照行为困难学生送帮导、关注就业困难学生送指导。

建立以奖学金为激励措施，以国家助学贷款为主渠道，以勤工助学为基本途径，以困难补助和减免学费为辅助的资助体系，对困难学生给予经济上资助、思想上教导，关爱经济困难学生送助导；要把高年级学生党员和优秀学生干部组织起来，建立辅导员工作助理，通过“一帮一”学习互助、优秀学生宣讲团和设立学习进步奖等，关注学习困难学生送辅导；通过对新生开展心理普测和对重点学生进行跟踪辅导，开设心理咨询室和心理教育活动等，关怀心理困难学生送疏导；对违纪学生处理前期、中期和后期建立全程帮导制度，主动争取家长配合对学生进行思想引导、学习辅导、生活督导、制度规导，做好违纪学生转化工作，关照行为困难学生送帮导；对学生进行就业知识和职业技能培训，开展个性化服务，关注就业困难学生送指导。贴近学生需要，实施“五关”教育，切实服务学生，让教育体现人文关怀，让学生感受校园温馨。

2. 延伸学生的知识技能

紧扣专业特点，积极组织学生开展各类学习型活动，坚持以培养学生专业知识、专业技能为重点，以提高学生创新思维能力和实践能力为目标，加强专业实习和毕业论文（设计）工作，通过专业实践延伸课堂教学的时间和空间，把专业实践活动贯穿于大学教育、教学的全过程。

（1）健全制度，保障专业实践规范运行。完善学生作业管理、实验室管理、实习基地建设、见习和实习管理、毕业论文（设计），实践督导、实践活动指导教师管理制度，以及专业实践和实习基地建设等规章制度，形成专业实践的长效工作机制，保证学生理论知识学习和专业实践的质量。为了提高音乐、美术等艺术欣赏能力和外语水平等，充分利用学生资源和学生特长、优势，鼓励优秀学生帮助其他学生提高学习能力，培养学生的良好学风，促进学生提高综合素质。

（2）加强研究，提高专业实践的理论水平。本科教育不是职业教育，要重点培养学生的理论素养、思维能力、研究能力、科学方法和实践意识。学校要重视学科的理论研究和专业教学研究，要建立学生参与科研和教学研究的机制，如设立专项资金，对学生科研立项进行资助和奖励；采取科研立项、经费资助、成果奖励等措施，鼓励并支持学生开展教学研究和专业课题研究，积极推广学生的研究成果。

（3）突出行业特点，提高学生职业技能。如对师范类院校，要建立教育学、心理学、现代教育技术和教师研究方法等教师教育通识课程体系；要建立教师技能训练、教师口语训练、班主任模拟训练、心理辅导训练、试讲训练等教师教学技能课程体系；建立以教学论、教学法、中学课程标准解读、教师专业发展研究等教师教育专业课程体系；建立以教育实习、顶岗支教、教育见习、社会调查、教育教学研究等教学实践体系。要开展“未来教师职业技能大赛”，培养学生职业技能和职业素质。学校要建立校地、校企、专业与行业的联系制度，经常邀请校友和与专业相近行业的专家进学校、进课堂，帮助学生了解社会和行业需要，设计行业基本技能训练规划，强化学生职业技能训练。加强实习基地、实践基地建设，引导学生在实践中坚持理论联系实际，提高自身动手能力和实际操作能力。

（4）重视学生毕业论文管理。加强毕业生论文（设计）管理，让学生的科研活动或实践活动结出硕果。各专业要注重学生毕业（设计）论文选题的综合性和创新性，注重选题要紧密结合经济社会发展需要，紧密结合学科、专业和课程最新发展趋势及教学成果；毕业论文（设计）的开题、过程指导、答辩、评价等工作要规范操作，以解决问题和提高学生研究能力为着力点。

（5）着力构建精品课程体系。构建以能力培养为导向的课程体系，并渗透到专业教学之中，要保证课程资源的丰富性、开放性、灵活性和多样性，课程内容的系统性、实践性和应用性。要强化以国家级、省级、校级和院级的四级精品课程或示范课程为主导的课程体系建设力度，加大精品课程的资助力度和奖励力度，积极推动优秀教师、优秀教材、优秀教案、先进教法进课堂，坚持以精品课程育人才，以此促进师资队伍建设、课程建设，改革教学方法、提高教学质量。

3. 健全学生的人格体魄

现今世界正处在大发展时期，世界多极化、经济全球化、社会信息化、文化多样化深入发展，文化越来越成为民族凝聚力和创造力的重要源泉，越来越成为综合国力竞争的重要因素，也越来越成为经济、社会发展的重要支撑。文化是文明的灵魂。和谐文化是学校进步发展的重要保证。大学要充分发挥文化育人的作用；积极搭建文化活动平台，着力培养学生的文化素养和人文精神。

（1）坚持先进文化前进方向。坚持不懈地用中国特色社会主义共同理想凝聚力量，用以爱国主义为核心的民族精神和以改革创新为核心的时代精神鼓舞斗志，用社会主义荣辱观引领风尚。高校要成为先进文化孕育、创新的传播之源，成为建设和发展先进文化的重要基地。

（2）坚持校园文化建设。以建设理想信念文化为核心，以创建优良学风为主题，以日常养成教育为基础，以科技文化为载体，建设知荣明耻文化、怡心陶情文化、文明使者文化及团结和谐文化；坚持以特色校园文化为导向，把校训、校徽、校歌和大学精神作为校园文化的重要内容，开展爱校、爱国、爱民、爱亲友、爱同学和爱自己的“六爱”活动，构建民主、开放、文明、向上、和谐的校园文化环境。结合专业特点和学生需要，搭建“宿舍文化节”“社团文化节”“科技文化节”和职业技能竞赛等文化活动平台，广泛开展“一个专业一个精品”“一名学生一个特长”的活动，引导学生积极探讨自己成长、成才的途径。校园文化建设做到大型活动特色鲜明、项目操作运行规范；中型活动品牌化、系列化、规模化；小型活动基层化、社团化、多样化，逐步建立富有特色而又不断创新的校园文化活动机制。

学校要组织开展高雅的文化实践活动，精心培育大学生高尚的审美品格。以能力、素质教育为统揽，以弘扬奥林匹克精神为重要内容，以各类文体竞赛活动为平台，让学生在形式活泼、内容丰富多彩的文化艺术活动和阳光体育活动中，育情操、学知识、受锻炼、长才干，锻造大学生的合作精神、健康体格，要积极依托大学生心理协会，组织开展“大学生心理健康节”和“心理健康宣传周”活动，宣传、普及心理健康知识，促进大学生树立健全的人格。

4. 启迪学生的思维创新

科技作为最富有革命性的生产力，改造着世界，改变着生活，创造着巨大的物质财富，为人类提供日益增多的便捷与享受。科教兴国是国家发展战略，提高自主创新能力，建设创新型国家，是国家发展战略的核心。科学研究是高校的基本职能之一，开展科技实践是培养创新人才的重要举措。

（1）要制定政策。为了支持和鼓励大学生开展科技活动，要建立“大学生学术科技创作管理规定”“大学生科研立项管理办法”“大学生课外学术科技活动实施办法”等，从指导教师、经费资助、奖励措施、实验设备和科研环境等方面提供制度保障。要组织科研成果或教研成果较好的教师，通过专题讲座的形式，指导学生学会提出问题、进行论证、申报立项、收集资料、着手研究、形成成果，通过具体的科研和教研活动，让学生掌握科研和教研的基本要求，进行研究实践的训练。要通过系列专题讲座对学生进行创新教育、实践教育、科学教育和人文教育，丰富学生创新和实践知识，培养创新意识和创新精神，以及学生的科学思维方法，提高人文素质。

要实施科研成果进课堂，并将其成为以科研促进教学，提高教学质量，促进学生参与科研训练的制度要求。要将科研训练计划纳入教学计划，培养学生科研兴趣和创新精神；加强实验室合并、重组和调整，建立校院两级管理机制，实验室向本科生开放，提高实验室资源利用率和学生动手能力；大力推行本科生导师制，指导学生设计个人学习计划、学习进程，帮助学生明确知识结构和目标要求，指导学生开展科技创新活动，促进学生健康成长、成才。

（2）要搭建“五创”活动平台。在校园内要广泛组织学生参加全国“挑战杯”“创业计划”“数学建模”“电子设计”和“大学生广告艺术”等竞赛活动，广泛开展“创意、创作、创新、创造、创业”等活动，广泛开展校园“创新杯”大学生论文成果、科研成果、教研成果和幻灯片课件制作等竞赛活动。要坚持以教师带学生的制度，教师要吸收学生参与自己的课题，指导学生参与科研训练，指导学生科研立项申报，鼓励和支持学生创新、创业，为有创新能力和特长的学生提供支持和帮助；鼓励、支持学生参与教师的教研或科研，在教师直接指导下开展务实性研究，促进学生科技创新、创业能力的提高。

学校要加大学生科研资助力度，设立学生科研专项基金，鼓励、支持学生结合社会需要进行社会调研、科研立项、教研立项和创造发明。选派有经验的教师指导、帮助学生建立科研或教研项目组，做到每个项目组有规划、有组织、有措施、有目标、有评价，还要为有些项目提供实验室，对教研或科研立项的学生给予资助，对获得研究成果的学生给予奖励。

学校要改变传统做法，延长论文创作时间，把学生第四年的毕业论文（设计）安排在大三第一学期，提前让学生选择和确定论文题目，把学生做论文（设计）的过程，作为学习和研究的过程，作为学生联系实际和探讨产、学、研相结合的过程，作为培养学生创新能力和实践能力的过程，这样才能提高学生的学习能力、研究能力，最终提高学生论文（设计）的质量。

（3）要营造科技实践氛围。要增加人文素质课、科技课和实践课等选修课程的门数和时数，开设多样化的系列选修课程，满足学生个性化发展的需要，培养学生特长。加强创新知识、创新素质、创新能力和创新精神培养，开展班级、学院（系）和校级竞赛活动，对学生科研成果和获得专利者给予奖励。要以创新意识强的学生为骨干，组建各种形式的学生创新团队，大力表彰科技实践活动的优秀学生，营造人人关心、人人参与的科技实践的校园氛围。

5. 激发学生的责任感与使命感

组织学生参加社会实践，用他们的知识、思想、言语和行动，深入乡镇、走进住户、亲近群众，感知社会、体验生活、服务社会，做到思想下乡、感情下乡、知识下乡和行动下乡，提高自身素质，牢固树立到基层建功立业的成才志向。

（1）开展服务基层教育活动。要以良好的舆论氛围和积极健康的行动导向，精心组织好应届大学毕业生参与志愿服务西部和本省基层计划志愿者招募工作。志愿者积极响应国家号召，自觉到艰苦地方实践，他们是学生中的表率。要加强对他们的后续管理和服务，与志愿者保持信息畅通，及时了解志愿者的工作、生活、学习情况；积极帮助服务期满的同学，及时为他们提供就业信息，帮助他们联系或落实就业岗位，解决工作中的实际问题；要做好志愿者的追踪调查工作，通过对优秀志愿者的宣传和表彰，引导更多学生到基层、到艰苦的地方，为人民群众做贡献，让学生在社会实践中感知责任使命。

（2）开展社会实践活动。学校大力开展“三下乡”“四进社区”等社会实践教育活动，有计划、有领导、有组织地利用寒暑假等时间，开展文化、科技、卫生“三下乡”，科教、文体、法律和卫生“四进社区”活动，要通过增加实践学分和成果奖励等方式，鼓励和支持青年学生结合人民群众的生产、生活实际开展调查研究和服务社会的活动，在社会实践活动中增长阅历、提高才干、锻炼品质。要秉承“奉献、友爱、团结、互助”的志愿精神，坚持“立足校园、面向社会”的原则，不断健全青年志愿者管理制度，推进志愿服务品牌化、经常化、大众化，构建全方位、多层次的志愿服务体系，如“义务支教”“爱心助残”“志愿服务进社区”等主题活动，让大学生在实践中全面地了解国情、了解社会，增强主人翁意识和社会责任感。

6. 提升学生的职业素质

坚持以就业教育为基础，以就业市场为途径，以就业基地为依托，以就业实践活动为平台，建立就业实践管理、就业实践教育、就业实践基地和就业实践评价制度，不断提升学生职业素质、就业能力和创业能力。

（1）构建招生—培养—就业系统化工程。把招生、培养与就业进行整体规划、整体推进、整体管理和整体考评，要进一步落实“一把手”工程，形成分管领导具体抓、职能部门重点抓、教职员工全员参与的工作机制。建设就业网络信息平台，为学生提供更方便、更快捷、更节省的就业服务，把全程化、全员化、专业化和信息化的就业工作思路落在实处。要确定工作重点，在就业一体化上下功夫，在培养学生就业能力上下功夫，在鼓励学生自主创业上下功夫，从而不断拓展学生的就业渠道。

（2）开展就业教育。把就业指导课纳入学校教学计划，开设“职业生涯规划”和“大学生就业指导”课；邀请优秀校友、企业技术人员进校讲学；建立校院两级学生就业与发展协会，开展学生自我教育和自我服务工作，实施就业指导规范化、全程化。要建立职业化的就业队伍，聘请校友和社会就业工作人员组成就业教练团，依托学生就业与发展协会及学生骨干组成的就业自我教育队伍，不断完善就业指导教育体系、就业市场体系和就业服务体系，形成职业指导与就业指导、就业讲座与课程相互渗透、就业教育与就业实践、集体辅导与个别指导相补充的就业指导工作模式。

（3）建立就业基地。就业基地是学校进行教学改革的信息地，是产、学、研的合作地，也是毕业生就业的选择地，还是毕业生实践的活动地。高校要坚持以服务求支持，以贡献求发展的准则，找准学校需要与基地需要的结合点，在结合点上下功夫、做贡献；校企、校地只有在相互服务中实现双赢，就业基地和产、学、研基地才能建设得更好。

（4）实施就业实践。举办就业论坛、征集就业实践论文、评选就业实践先进个人等活动，培养学生主体意识和就业意识；组织学生开展社会岗位和人才素质的需求调研，帮助学生有针对性地调整知识结构和进行职业规划。开展就业见习、模拟就业、就业应聘、就业和创业培训等活动，设立校内就业实践岗，锻炼学生社会适应能力和就业能力。

造就社会主义事业的合格人才，就要坚持德育实践、专业实践、文化实践、科技实践、社会实践和就业实践六大实践。德育实践是核心，专业实践是重点，文化实践是中心，科技实践是关键，社会实践是基础，就业实践是保障，它们相互影响、相互制约、相互渗透，形成实践育人体系。坚持实践育人，就要把“六大实践”全部纳入课程和学分管理，建立学生实践档案，颁发实践经历证书，用制度引导学生把实践作为必修课程，推动全员实践，达到实践与教学内容融为一体，促进学生提高实践能力。

实践是成就人才的基本途径，要不断加强领导、健全制度、强化管理、创新内容和形式，积极探讨实践育人的特色化、项目化与基地化，构建和完善实践育人体系，努力提高学生的实践素质和实践能力。

第二节　大学生能力素养培育的意义

实施素质教育的根本宗旨在于提高国民的综合素质，在学校教育中将大学生的创新精神和实践能力作为培养重点，培养出全面发展的社会主义事业建设者和接班人，德智体美劳五育并举，使受教育者成为有理想、有道德、有文化、有纪律的四有新人。素质教育不仅有利于大学生的全面发展，对其创新能力的提升也有不可或缺的作用。一所高校办学质量的高低，在很大程度上取决于它培养出多少具有创新精神和实践能力的高素质人才。因此，实施素质教育，强调创新能力培养，是当前许多高校教学改革和人才培养模式改革的重点。

素质教育关注受教育者各个方面的素质发展，并不只关注智力的开发，还关注受教育者的思想道德素质、能力素质、身心健康及个性发展等多个方面。遵循青少年的身心发展规律，素质教育在受教育者发展的不同阶段有不同的侧重点。高校所实施的素质教育，是一种面向大学生未来的开放式的教育，它既注重传授大学生专业知识技能，又注重培养大学生的创新精神和实践能力，是在融合两者的基础上，以大学生综合素质的提升为宗旨的一种教育模式。

高校实施素质教育有多方面的重大意义。首先，这种教育适应时代的呼唤和要求。大学生是祖国未来的建设者，是国之栋梁。在这知识经济的时代，国家需要具有高素质的综合型、创新型人才，只有自身素质过硬、具有创新精神和创新能力的人才，才能更好地响应国家号召，在这大众创业、万众创新的时代浪潮中，站稳脚跟，保持优势，为国家的发展和社会的进步贡献自己的一份力量。其次，高校素质教育对于促进大学生实践能力的提升具有重要作用。知识是基础，实践是应用。在课堂上所学到的理论知识最终要应用到社会实践中，实现理论与实践的统一，将知识转化为生产力。素质教育能够锻炼大学生的实践能力，使其思维方式更加多元化，有能力将创新想法转化为有效实践。

一、大学生素质教育与创新能力素养培育的关系

素质教育影响着创新能力素养的提升，创新能力素养也反作用于素质教育，两者是辩证互动的关系。

首先，素质教育作为前提，影响着创新能力素养的培养。没有素质教育，创新能力素养的提升便无从谈起。素质教育的核心内容是培养大学生的创新精神，提升其实践能力。同时，创新能力素养的培养可以反过来促进素质教育质量的提升，让素质教育能够更好地去实施。注重创新能力素养的培养，是实现素质教育全面落实的有效方法和根本途径。

其次，素质教育的实施可以促进大学生知识结构和知识体系的完善，激发大学生学习的自主性和思考探究能力，开阔大学生的知识视野，为实现创新能力的提升奠定基础。创新能力素养中体现着大学生的主动性、开放性、实践性和批判性，彰显着他们的创造力和想象力，这既是素质教育的结果，又反过来推动素质教育进一步向前发展。

素质教育和创新能力素养培养两者之间相辅相成，相互影响，相互促进。只有将两者有机结合，高校才能充分满足大学生自身发展的需要，实现培养复合型、创新型人才的目标，培养出符合时代需要的高素质人才。

二、大学生素质教育对创新能力素养培育的意义

传统的教学模式形式单一，侧重理论知识的传授，而较忽视实践能力和创新精神的培养，使大学生在学习中变成被动的知识接受者。而素质教育以人为本，强调德智体美劳全面发展，核心是培养大学生的创新精神和实践能力。其具体表现在，实施素质教育可以丰富大学生的创新知识，让其储备一定的创新知识，同时培养其创新精神和创新思维，有效提升其创新技能，将知识转化为实践。

（一）丰富大学生创新知识

创新行为并不能凭空产生，它需要建立在一定知识基础之上。具备一定的科学文化知识是大学生提升个人创新能力的基本条件。科学文化基础不能是狭窄的、片面的，而应是丰富的、立体的、综合的，具有一定的层次性和结构性。以此作为支撑，创新行为才能得以产生并具有一定价值。

综合素质是素质教育一直以来强调的一个重点内容。综合素质的培养需要大学生掌握综合性的科学文化知识内容。只有掌握综合性的科学文化知识，能够对各学科知识融会贯通，提高自身的辨析能力和综合运用能力，才能产生更具创意的想法。这样的创新才更有生命力。素质教育为创新活动的实现提供理论支持。只有实施素质教育以及开阔学生的眼界，才能使大学生拥有更加坚实和广博的基础知识，同时优化其知识结构，为创新能力的提升打下基础。

（二）培养大学生创新精神

创新的实现不可能一蹴而就，要经历一个艰辛而漫长的过程，其中充满各种困难和阻碍。想要实现创新，达成自己的目标，需要有坚定的创新精神。创新精神的内涵非常丰富，它包括一个人在创新过程中需要的勇气、信心、智慧和坚定的意志。大学生要能够综合运用各种已有的资源和条件，使用新方法、提出新观点，并进行发明创造和改革创新。创新精神为创造活动提供动力，是实现创新目标的关键环节，在整个创新活动中发挥着重要作用。

素质教育对大学生创新精神培养的作用主要表现在以下几个方面：首先，素质教育重视培养人的思想道德素养，可以帮助大学生形成正确的世界观、人生观、价值观，培养人的品格和修养，使大学生养成开拓创新、不畏艰险、百折不挠的优秀创新品质。其次，素质教育重视培养大学生的首创精神，敢于成为第一个做的人，有承担风险和失败的魄力，敢为人先。即使前路不明、未来充满险阻，创新者也要迎难而上，迈出第一步。最后，素质教育重视培养大学生的合作精神。创新的实现需要集思广益，团结一心。唯有如此，创新之路才会越走越宽。因此，实施素质教育，培养大学生良好的思想道德素质、开拓精神和合作意识，才能为实现创新提供有利条件。

（三）拓宽大学生创新思维

创新思维在创新活动中发挥着重要作用，是进行创新的基础。发挥创新思维的作用，激发创新灵感，并将灵感结合丰富知识转化为创新行动。培养创新思维，要遵循事物发展的客观规律和逻辑，同时还要脱离传统思维方式的限制，并强化训练新的思维方式。

素质教育对于完善大学生的创新思维具有积极影响，主要表现在五个方面：首先，能使大学生内化所学习的科学文化知识，领悟知识的内涵和本质，在此基础上发展想象力和创造力；其次，想要实现创新，必须有开阔的眼界，能够发现新事物、思考新观点。素质教育能够丰富大学生的学习内容，为大学生实现创新提供土壤；再次，素质教育重视培养大学生探究的习惯，倡导大学生多角度、多方位思考问题，能够对问题进行判断和分析，并能够主动寻求解决方案；又次，素质教育强调融会贯通，培养大学生举一反三的能力，使大学生能够注意到事物之间的联系以及区别各种内在矛盾，以更加清晰地认知事物，提出更多的不同解决方案；最后，素质教育重视大学生归纳和演绎能力的培养，并培养大学生的逻辑思维能力，实现更好的归纳和推理。

（四）提高大学生创新技能

创新能力体现在拥有一定的创新技能，如具体的创新技法、实验技巧、动手操作能力以及创新结果的物化和最终表现等。对创新技能的要求主要体现在两个方面：首先是要有发现和解决问题的能力，能够调动自身所拥有的知识提出解决问题的方案；其次是拥有一定的实践能力，可以通过具体操作将产生的想法付诸实践，在现实中验证假想，最终实现创新。高校非常重视大学生创新能力的培养，为此采取各种教学手段进行训练。

高校加强素质教育，对于提升大学生的创新技能具有重要作用。

首先，可以提高大学生自主学习的积极性和能力，在遇到难题时能够迎难而上，主动探究，不断提升自我；其次，可以激发大学生剖析和研究问题的意识，然后发现问题、分析问题，不断提出假设、验证假设，以形成清晰完整的创新路径；最后，素质教育还重视培养大学生的实践动手能力。大学生不要只做理论研究者，还要做行动者，在实践中验证理论，提出新观点。

实现大学生创新能力素养的培养需要多方面的因素协同配合，过程复杂且需要一定的时间。高校改革传统的教育方式，加强素质教育，对丰富大学生的创新知识、提升其创新精神、开拓其创新思维、提高其创新技能具有不可忽视的积极影响和重要作用。

第三章

大学生思想价值观培育研究

思想价值观是一种主观见之客观，通过对人的精神世界丰富和完善从而指导实践的过程，是对人的精神需要的重要满足方式。本章主要探究大学生思想价值观、大学生思想价值观培育的影响因素、大学生思想价值观培育的重大意义与措施。

第一节　大学生思想价值观

一、大学生思想价值观之理想信念的塑造价值

大学生思想政治教育的核心价值是形成理想信念的价值，人们必须从三个方面进行研究：一是大学生思想政治教育理想信念的内在含义；二是大学生缺少理想信念的原因；三是大学生思想政治教育塑造

价值由哪些要素构成。

（一）大学生思想价值观之理想信念塑造价值的内涵

在很多情况下，理想亦是信念，信念亦是理想。在进行思想政治教育时，理想信念教育是重要内容，理想和信念不再是两个单独的词汇，实际上是“理想”和“信念”合在一起而形成的一个综合性的新概念。理想信念是人们对未来的向往和追求，是一个人世界观和政治立场在奋斗目标上的集中体现，是确立人生价值取向的最高准则。理想与信念辩证统一、相辅相成，理想以信念为支撑，理想的追求和实现体现并折射着信念；信念决定着理想的内容和方向，有怎样的信念就有怎样的理想。理想信念一旦形成，就成为支配人们行动的持久精神动力。[1]

理想从内容上可以分为：社会理想、道德理想、职业理想和生活理想。它们之间是相互制约、相互联系的。社会理想是最根本的，它决定和制约着道德理想、职业理想和生活理想，起着主导和支配的作用，调节和控制着人们的思想和行为。一个人有了崇高的社会理想，就会产生高尚的道德境界和强烈的责任感、事业心。因此，社会理想是一个人全部理想的核心。只有树立了远大的社会理想，才能自觉地把个人的前途和命运同社会的发展和进步联系起来，把个人的工作和生活变成为社会理想奋斗不可缺少的一部分。但是，社会理想信念也不能脱离道德理想、职业理想、生活理想而孤立存在。

国家为进行青年和大学生的理想信念教育提供了良好的理论基础。

---

[1] 张亚丹. 大学生思想政治教育价值论［M］. 北京：人民出版社，2017.

首先，确立了社会主义社会要坚持的最高理想是共产主义；其次，明确了理想信念在社会主义革命和建设事业中的作用；最后，明确提出青年应树立的理想信念的内涵，指出青年是理想信念教育的重点。

大学生思想价值观理想信念塑造价值，是指用马克思主义理论培养大学生在建设中国特色社会主义事业中的共同理想和坚定信念，满足他们形成科学的理想信念需要的效应关系。

（二）大学生思想价值观之理想信念塑造价值的构成要素

大学生思想价值观塑造价值是一个有机系统，包括：道德理想、社会理想、职业理想和生活理想四个子系统。对大学生理想信念的塑造应遵循分层次递进的原则，从全方位提升大学生的理想，并将理想提升与社会实践相联系，在实践中培养坚定的信念。

1. 道德理想

道德理想，是指人们所向往的理想人格，是做人的楷模和标准，是人们在道德生活中所希望达到的目标。大学生道德理想的塑造价值在于按照社会主义和共产主义的道德标准，引导大学生不断提升道德品质，践行道德规范，成为社会主义道德风尚的实践者和引领者。在我国的优秀传统文化中，十分重视道德理想的培养，并树立了理想人格的典范。不同历史时期，不同阶级都有自己的道德理想，在社会主义社会里，占主导地位的是社会主义道德。[1]

[1] 杨联星，李四维，刘建南．论微文化视域的大学生理想信念教育话语权建构［J］．重庆大学学报（社会科学版），2018，24（1）：164-172.

大学生道德理想的塑造包括以下两方面的内容：

（1）传播中华民族优良道德传统和社会主义道德新风尚，促进大学生传承中华民族的传统美德，领悟当今社会道德原则和道德规范的精髓。

（2）培育和践行社会主义核心价值观，社会主义核心价值观是社会主义道德规范的精髓所在，它来源于社会主义的基本道德准则。引导大学生以社会主义核心价值观作为道德塑造的目标，使他们的思想和行为更加符合社会主义社会的道德标准。通过这两方面的塑造，大学生能准确地认识到要将自己锻炼成为怎样道德品质的人，增强道德责任感、提高道德境界、规范道德行为，从而成长为有德之人，有为之人。

2. 社会理想

社会理想是指特定阶层或个人对未来政治结构和社会制度的抱负、想象及追求，也包括对社会前景的预测。塑造大学生社会理想的过程不应违反社会发展的自然规律，不仅要善于发现社会发展中的各种问题，而且由于大学生是社会上的优质人才，因而他们必须合理地处理问题。大学生社会理想的塑造价值是指导他们建立马克思主义的信仰和中国特色社会主义的共同理想。

大学生社会理想的塑造应从以下两个方面开始：

（1）帮助大学生了解社会理想的时代性质和社会性质。社会理想具有时代和阶级的特征。不同时代的人可以有属于自己的社会理想，社会在人们不断追求社会理想的时候同步发展。因此，大学生应充分认识到中国选择社会主义道路在历史上绝对正确，并应知道中国社会经济发展与社会制度有着密切关系。

（2）帮助大学生认识共产主义理想具有长期性和分阶段性。共产主义社会描绘了一个理想的社会，要实现它，需要一个漫长的过程。为了激励和指导现代人，必须将长期的理想转变成现阶段的理想。为了同时实现大学生对未来社会和中国特色社会主义的追求，必须要有马克思主义信仰的支撑。只有以马克思主义为信仰的大学生，才能将自己奉献给中国特色社会主义事业。

3. 职业理想

职业理想，是指人们以社会需要为导向，以个人条件为基础，对自己将要从事职业的设计和追求。大学生缺乏职业生涯规划，对未来从事何种职业，大学阶段应培养哪些能力没有目标。因此，对大学生职业理想的塑造价值在于引导大学生根据社会需要、自身实际和未来发展，确定职业理想、做好职业规划和培育职业素养，培育对工作的执着和认真态度和在工作中精益求精、务求完善的精神。

大学生职业理想的塑造从以下两个方面开始：

（1）帮助大学生分析该领域毕业生的社会需求，可以从三方面分析社会需求：首先，相应学科毕业生的就业前景；其次，招聘这些职位的基本条件；最后，该领域的新发展趋势。还未毕业的在校生应该密切关注就业要求，而辅导员应该及时告知本校已毕业的本专业学生的就业状况，让在校生们对毕业后的发展有所参照与准备。每个班级都应配备年轻的专业教师作为班级辅导员，年轻的老师可以紧跟时代的发展，帮助大学生了解本专业在社会上的趋势和变化。只有深入地了解需求变化，才能有目的地进行学习，学会真正被社会需要的知识和技能。对于所学是热门专业的同学，可以看到光明的未来，可以激发动力。而不是热门专业的同学，能提前树立危机感，并努力提升自己其他技能，以寻找未来的出路。

（2）帮助大学生分析自己的特征并制定职业计划。了解社会需求的情况可以把握好自身发展的可能方向。但是在这个方向上，大学生需要分析自己的特征并制定适合的职业计划。大学生分析自己的特征时，应注意三件事：首先，需要准确地了解自己的优点和缺点，发扬自己长处，改正自己的短处；其次，需要找到值得一生奋斗的职业，这份职业应是以自己的兴趣为基点；最后，不能只局限于现在，应该从长远来看，选择可持续的职业。现在，许多学院和大学都提供职业指导课程和职业规划教育。从入学开始，大学生将先通过职业定向测试了解自己的职业爱好，然后通过校外合作基地实训和专业实习来确定是否适合自己。这些方法能帮助大学生制定自己的职业计划。

4. 生活理想

生活理想，即人类最想要的生活，是指人们对物质和精神生活的未来渴望，包括人们对食物、衣服和住房的追求。生活理想不仅是对生活条件的期望，还在于人们期望的态度和生活方式，以及如何过上更加充实和有意义的生活。因此，生活理想意味着对物质和精神生活的渴望。塑造大学生生活理想的价值在于，以他们实际情况为前提，引导他们以更积极的生活态度、适度的消费理念和健康的生活方式生活。

想要塑造大学生的生活理想，可从以下三个方面入手：

（1）培养大学生养成对生活的积极态度。对生活的积极态度是指乐观地面对生活，准确地理解生活的本质，勇敢地面对生活中的困难。要培养对生活的积极态度，需要教会大学生正确理解生活的本质，让大学生意识到生活充满各种变化，并培养他们的自信力和敢于挑战生活的能力。

（2）培养大学生追求健康的生活方式。每个人向往的生活都有所不同。为了使大学生养成健康生活方式，只用传统的教育远远不够，还应教会他们明白什么样的生活是健康和适当。健康生活方式应该与社会发展趋势相一致，并且能被大学生所接受，例如低碳环保生活的概念。

（3）鼓励大学生制定适当的消费观念。一方面，大学生还没有正式进入社会工作，父母给予的生活费是他们的经济来源。因此，大学生应该注意勤俭节约。另一方面，年轻人又喜欢紧跟潮流。因此，需要帮助大学生树立适当的消费观念，并让他们学习到如何以计划的、适度的、有意义的方式进行消费。

思想政治教育应从塑造大学生思想价值观的理想出发，全面、分层地培养他们的道德理想、社会理想、职业理想和生活理想。在信念这一伟大力量的支撑下，这四个理想彼此联系，在发展中相互协调，帮助大学生过上自己所希望的理想生活。在理想的形成过程中，它通过体育锻炼、学习计划的制定和实施、缺点的认识和纠正以及社会实践等各个方面，增强大学生的意志，坚定对理想的追求。

二、大学生思想价值观之公民道德的养成价值

人类的进步和社会的发展不但需要科学技术的进步，更需要道德的维系。在经济全球化的今天，国家仍然是国际社会的最为强大的独立主体。人是社会的存在物，从根本上讲，人是作为一国公民的形式存在的，公民道德则是作为一国公民所必须遵循的基本道德要求。

（一）大学生思想价值观之公民道德养成价值的内涵

大学生思想政治教育对公民道德具有养成价值，能够帮助大学生遵循作为公民所应该具备的基本的道德准则。

公民是一个法学概念。凡具有中华人民共和国国籍的人都是中华人民共和国公民。因此，公民身份的获得有两层含义：一是国籍；二是相应的义务和权利。在伦理学层面，公民这一概念要解决的是一个人的思想和行为的规范问题，怎样才能成为合格公民的问题，即公民道德问题。公民道德是全体公民长期形成、共同认可并遵守的心理、习俗、习惯、风尚、宗教以及行为规范等方面的总和，是作为一个国家的所有公民必须遵守和履行的道德要求。《公民道德建设实施纲要》提出了我国公民基本道德规范：爱国守法、明礼诚信、团结友善、勤俭自强、敬业奉献。[1]

[1] 刘勇，杨也. 思想政治理论课视阈下大学生政治价值观的培育路径［J］. 学校党建与思想教育，2018（17）：24-27.

大学生思想政治教育公民道德养成价值，是指通过大学生公民道德教育和各项实践活动满足大学生个体社会化和道德品质提升需要的效应关系。社会主义社会的道德与人的全面发展是一致的，公民道德是道德的现实要求和基本要求，从公民道德养成入手，培养大学生的道德自觉，从他律到自律，促进大学生人格的健全。

（二）大学生思想价值观之公民道德养成价值的构成要素

公民道德养成价值的构成要素主要包括：社会公德、职业道德、家庭美德、生态道德和网络道德。

1. 社会公德

对于个人，身处社会中其自然的存在才能被称之为符合人性的存在。人的存在及其发展需要在特定环境中，这个环境主要指的是社会条件与社会关系。身处于社会这个大环境，需要遵守其划定的基本道德规范。只有如此，才能成为被社会公德认可的公民，并融入社会与其和谐共生。作为中华人民共和国的公民，大学生塑造出良好的社会公德，有利于其基本道德规范的养成和巩固。《公民道德建设实施纲要》中对在公共生活和社会交往中的中华人民共和国公民提出的道德行为准则，浓缩在二十字方针中，即“文明礼貌、助人为乐、爱护公物、保护环境、遵纪守法”。方针将个人与个人、个人与社会、个人与自然的关系都涵盖进去。维系有序的公共生活，离不开社会公德的重要作用。而有序的公共生活与经济社会的发展是否健康、社会成员的生活质量高低、国家现代化的实现是否顺利息息相关，也体现出人们的文明程度。

2. 职业道德

社会分工造就不同的职业。人们在现代社会当中，许多需求需要通过从事的职业来满足，物质上如生活来源、社会关系，精神上如实现个人价值等。职业活动能否正常进行，取决于职业生活中各种事件及其关系的处理是否正确合理，因此需要建立职业道德规范对其进行有效调整。职业道德在每一种职业中有不同的体现，每个行业在社会中所需承担的责任和义务也不同，需要从业者遵守相应的职业道德，这也是在职业生活中体现出的具象的社会道德。

对于大学生群体，在社会主义社会中，基本职业道德素养应在塑造职业理想的同时养成。这是职业道德养成在大学生身上的特点。

大学生基本职业道德素养主要分为以下两个方面：

（1）基本职业道德素养包括爱岗敬业、诚实守信、办事公道、服务群众和奉献社会等普遍适用于各行业的道德行为准则。

（2）将要从事行业对个人的基本职业素养要求，这是在进行职业生涯规划时需要养成的基本职业道德素养。大学生所学习的专业对其职业发展进行了初步的定位，而职业选择的进一步细化需要大学生分阶段地进行职业生涯规划。大学生需要进行职业素养的准备，虽然大学生还没有正式的职业身份，但在对未来进行职业规划时已经对将要从事的职业有了指向性。而职业素养是大学生必须拥有的技能，这是他们在社会化过程中能否顺利的重要条件，而职业素养的最主要内容是职业道德。职业道德对于不同专业学生的要求有一定区别，从主体上来讲有特定性，其内容上具备一定的特殊性以及多样性。因此富有鲜明行业特点的职业道德教育不但要在专业课学习中获得，更要在实际工作中由切身体验形成。大学生职业道德养成一定程度上有赖于思想政治教育。

3. 家庭美德

家庭美德主要作用于夫妻、长幼、亲属和邻里关系等，对人们家庭生活关系和道德行为准则起到调节作用。在家庭中，美德的核心是道德。人的一生会有两个家庭：一个是原生家庭（与父母组合而成），一个是自己的家庭（自我选择而成）。家庭道德贯穿于二者之间。对于原生家庭，大学生的家庭道德在于感恩，在理解父母、尊重长辈中培养感恩之心，从而能够对于父母或是亲朋好友的关系正确地处理；于未来而言，则是作为榜样起到示范作用。大学生未来在拥有新组建的家庭后，对家庭产生的理解与大学阶段形成的家庭道德观有莫大关系。塑造良好的家庭道德观更利于在未来家庭中与配偶和谐相处，以及为子女起到榜样示范作用。

4. 生态道德

作为道德规范的一种，生态道德被提及得不多。它有一个更常用的名称——环境道德，其本意是人与自然之间通过调节使二者达到一定的平衡，让人们对经济社会发展、科学技术进步以及消费大幅提升有客观清醒的认识，了解到它们与生态平衡存在一定的矛盾关系，能够用科学的眼光看待，从而促进形成客观的生态伦理观。

生态道德曾经一度被忽视，在环境问题越来越多地出现时，国际社会开始重视这一全球性环境变化问题。培养生态道德的做法被越来越多的国家所采用。

大学生的生态道德养成主要包括以下几个方面：

（1）协调适度需要的养成。归根结底，人类需要的大量增长导致对大自然的过度索取，这是生态危机的重要原因。使大学生认识到索取和享受的片面性，引导其养成更加协调适度的需要。大学生应该在索取的同时改造自己去适应自然，从而实现自身的全面发展。

（2）健康低碳生活方式的养成。衣食住行各个方面能体现生活方式的健康，衣着打扮不以追赶潮流为先，饮食结构做到膳食结构平衡，住宿注意节约能源不要随意浪费水电，外出尽量选择公共交通或步行。在健康低碳生活方式的培养过程中还能激发大学生创造力，将节能环保的影响力扩散开，如开展节能创意、环保设计、旧物改造等比赛，引领时尚低碳的生活方式。

（3）生态理念是大学生需要具有的思维习惯。生态问题的研究，由表及里，已经进入一个新的阶段，在多个领域发挥着影响。有着稳定、和谐、发展特质的生态，需要人们理性对待，不能管中窥豹，要更加全面地了解，才能更好地解决问题。大学生作为社会发展的新生力量，要加强分析思维的培养，不仅有利于自身发展，更有利于在社会中成长进步。

5. 网络道德

所谓网络道德，是指以善恶为标准，通过社会舆论、内心信念和传统习惯来评价人们的网络行为，调节网络环境下人与人之间以及个人与社会之间关系的行为规范。随着互联网技术的发展，网络与现实社会的结合更加紧密，网络已经成为现实生活的一部分，网购、手机支付等深入人们的日常生活中。网络具有即时性、隐蔽性、海量性等特征，在网络环境中，人类面临新的道德要求和选择，于是网络道德应运而生。大学生作为网络使用率最高的人群，大学生的知识和能力让他们不但是网络的积极使用者，也是网络信息和技术的主动创造者。[1]

大学生在网络道德养成方面需注意以下两项内容：

（1）信息加工和辨别能力的增强。大学生正处于易于接收新鲜事物的年纪，充满好奇心的他们面对网络，极易丧失理性，被感官支配而迷失自我，自我道德约束下降甚至失效。因此，网络道德是大学生必须具备的素质，对海量的信息不能单纯地接受，要学会对其进行筛选加工，鉴别出可用信息和废弃信息。

（2）学会正确认识网络，对自身行为进行规范。对网络的正确认识是大学生养成网络道德的基础。作为现实生活的延伸，网络并不是存在于现实外的独立虚拟空间，网络中的道德规范可参考现实生活，两者是一致的。把现实的道德标准放之于网络，对大学生进行引导，使其对自己的网络行为加以约束，在实践中止确认识网络道德及其重要性。

---

❶ 韦炜．浅析网络文学对大学生价值观的影响［J］．芒种，2017（20）：32-33.

三、大学生思想价值观之综合素质的提升价值

综合素质的提升不仅是社会发展对大学生成才的要求，也是大学生实现全面发展的内在要求。

（一）大学生思想价值观之综合素质提升价值的内涵

综合素质是衡量人才的重要标准，“素质”一词在不同的学科中其含义是不同的。在教育学中，素质教育是指发展人的身心最基本品质的教育，素质是指人经过教育培养获得的思想、文化、技能等素养和体力、智力的发展。因此，素质是一个综合概念，包括先天生理素质和后天习得素质，心理学主要是从先天生理素质角度定义素质，而教育学则是指后天习得素质。

综合素质，是指一定社会条件下，人在应对各种关系中所体现出的思想、智力、知识、能力和体力等素养组合而成的整体。综合素质涉及三方面的内容：素质的范围、素质的发展水平、素质之间的联系。[1]

大学生思想政治教育不是单一存在，结合素质教育共同形成放大效应，如专业素养、身体素质、精神风貌等。大学生综合素质提升，离不开思想政治教育，其重要性体现在以下几个方面：

---

[1] 李琳．大学生思想政治教育与社会主义核心价值观培育——评《大学生思想政治教育：实践与探索》[J]．领导科学，2019（20）：125.

（1）对大学生综合素质起到直接提升作用的思想政治教育。如《思想道德修养与法律基础》这门课，不仅对道德，也是对法律的了解，使学生能够更好地理解和掌握调解社会关系的两大行为准则——道德和法律，以及二者之间的联系和区别。在此之中，还能加强法治精神，吸收基本法律常识加以掌握。

（2）将马克思主义提供给大学生作为科学方法论指导的思想政治教育。“授人以鱼不如授人以渔”，培养大学生综合素质重在掌握能力的学习。方法论能够有效指导大学生提高对知识的运用能力。

（3）将全面发展的理念灌输给大学生的思想政治教育。各种素质之间的关系需要通过学习正确把握，思想政治教育帮助大学生充分发挥自主性、独立性以及创造性，对未来的发展道路也有指引作用。在此期间也易养成个人兴趣爱好，结合社会对人才的需求，查漏补缺以提升自我。

科学发展观作为思想政治教育的重要内容，除了能在社会发展问题上发挥作用外，个人发展也能从中得到启发。思想政治教育从来不是一蹴而就，与技能不同，思想政治教育需要消化吸收的过程，接受信息后需要自我理解再根据实际情况加以利用。因为人的综合素质是要根据社会发展而不断进步，只有在自身发展方面树立科学的观念，才能更加充分地开发自身潜能，更加全面地提升个人素质。

（二）大学生思想价值观之综合素质提升价值的构成要素

专业教育、人文教育和多种实践活动结合的方式能够极大地提高大学生综合素质。在这方面，思想政治教育提升价值的构成要素包括思想政治素质、专业素质、身心素质等，这几方面素质的协调统一决定一个人综合素质的高低。

1. 思想政治素质

思想政治素质的提升价值是大学生思想政治教育综合素质提升的核心内容，对其他素质的提升具有统领作用。思想政治素质的提高为大学生的综合素质的发展提供了方向和动力，使综合素质的提升成为大学生的自觉行为。思想政治素质提升的主要内容包括以下五个方面：

（1）思想观念。思想观念的提升主要是促进大学生世界观、人生观和价值观协调发展，培养大学生形成对客观世界、外在世界和内在自我及其相互关系的正确认识。

（2）政治品质。政治品质的提升主要是培养大学生正确的政治方向、坚定的政治立场和积极的政治觉悟，扮演好政治生活角色。

（3）法制素养。法制素养的提升，是指引导大学生在学习法律基础常识的同时，参与有关法律的实践过程中，将自身的经验和片段的法律知识加以组合，形成法律思维方式，即学法律、知法理、用法律。

（4）人文修养。人文修养的提升，是指在思想政治教育中融入人文内容，拓宽思想政治教育的视野和内涵，有助于使思想、道德、文化、审美、心理教育融为一，净化大学生的思想情感，升华精神境界，提高综合素质。思想政治教育对大学生思想政治素质的提升是直接实现的。

（5）科学精神。科学精神的提升，是指培养大学生形成科学的思维方式，转变落后保守的思维模式，培养现代化理性的思维方式，帮助大学生对问题做出理性的分析和客观的评价，提出科学的解决方法。

2. 专业素质

专业素质是大学生综合素质的基础，其提升主要体现在两个方面：专业知识的增长和专业技能的加强。虽然大学生的学业上是分类分不同专业进行，根据不同的专业在知识和技能上的要求不同，但也存在对于大学生的共同要求。在学校教育中努力掌握现代科学技术和文化知识，深化理论基础且加强应用技能学习，拥有系统扎实的专业所需技能，并将知识领域不断扩宽，使自身知识结构能够随着未来工作的需要不断发展，知识技能和创造力都不断得到增强。大学生在思想政治教育方面的综合素质提升中最为重要的内容是专业素质的提升，思想政治教育的价值在作用于大学生专业素质的提升时间接起效。

不采用直接的方式参与到大学生专业素质的提升上，而是通过思想政治方面的教育，在理想和信念的树立与坚持上、在学习计划和工作目标的规划上以及在激励大学生于专业素质提升的困难上勇于迈进中给予帮助。

3. 身心素质

作为大学生综合素质基本内容的身心素质，其提升应该从两手抓起：一是身心健康，二是身体心理，二者协调发展。大学生能否成才，其内在需要是优良的身心素质。一方面作为物质载体，大学生的身体素质是成才的基础。保持身体健康，坚持锻炼才能更好地学习和负担起工作的重任；另一方面，心理素质对大学生创造非常重要，尤其是稳定持久的创造力需要心理素质支撑。稳定优良的心理素质可以帮助人才在困难和挫折面前坚持不懈、克服困难、战胜挫折，顺利推进创造过程。此外，大学生身体素质与心理健康息息相关，心理健康能够影响身体素质的变化。

思想政治教育和专业素质的提升别无二致，均是通过给予大学生方法从而间接地达到提升大学生身心素质的目的，其教育价值体现在以下两个方面：一是帮助大学生进行科学理想和坚定信念的树立，主要是利用理想信念进行理论方面的教育，培养其形成正确的世界观、人生观、价值观。在大学生遇到困难时，用科学理论为指导帮助他们对奋斗目标进行调整、对原因进行理性地分析、对其抗压能力进行加强；二是用社会实践对大学生进行意志的磨练和身心素质的锻炼。

以提升大学生思想政治素质为核心，通过思想政治教育促使大学生身心素质和专业素质得到提升，是思想政治教育在大学生综合素质提升价值上的主要体现。政治理论课作为主渠道，需要对大学生进行系统性的理论教育。对于其他课程的学习，可以将指导思想渗透进去，综合素质教育和社会实践对大学生进行引导，促使其自觉运用科学的思维方式解决问题、强化自身的法制观念，并促进自身三方面的素质：思想政治、身心、专业协调发展，学会如何更好地处理与他人、与集体、与社会的关系，为社会主义的建设和发展塑造更加优秀、可靠的坚实力量。

第二节　大学生思想价值观培育的影响因素

“十九大”报告指出，我国目前已经进入社会主义新时代，已经处于新的历史发展阶段，社会的主要矛盾也已经由人民日益增长的物质文化需要同落后的社会生产之间的矛盾转化为人民日益增长的美好生活需要和不平衡、不充分的发展之间的矛盾。随着国家经济的快速发展，人民的物质生活也在随之不断提高，大学生的思想也已经发生非常大的变化，对精神世界的追求也在逐步提高。这对我国高校的思想政治教育提出更高的要求，必须要在新时代的大背景下紧跟时代的潮流，发挥出更加积极的作用。

一、培育大学生思想价值观的影响因素

当下，我国经济处于高速发展的阶段，社会生产力不断提高，人民群众的物质生活也已经发生翻天覆地的变化。一方面使得人民的思想发生了较大的改变；另一方面，也使得人民群众对生活抱有新的期待、要求以及想法。年轻的大学生，作为有想法的新一代青年，能够紧跟时代的潮流，不断去追求自己的理想。

(一) 培育大学生思想价值观的外在影响因素

1. 网络日常化

在经济快速发展的今天，网络已经成为现代人生活离不开的必需品。微博、微信以及QQ等各种各样的社交软件应用得到广泛的使用，人们的生活因为这些社交App的出现而变得越来越方便、高效、便捷，而且这些平台所产生的影响力也越来越大。“互联网+”的概念和应用正是在这样的背景下应运而生。如今的在校大学生随时随地都能够使用到互联网，随时随地可以接收到来自全世界各地的最新鲜的各种信息。与之前相比，当代大学生能够接收到的信息是翻倍的、海量的信息内容。与此同时，信息数量的成倍增长也导致信息质量的降低，大量未经过筛选过滤的信息在网上传播，其中所包含的一些不符合社会主义核心价值观的内容会对在校大学生思想上产生冲击，也非常不利于我国思想政治教育的开展。

传统的引导式和制度式的思想政治教育模式也受到互联网广泛应用的冲击。对于在校大学生，互联网接受信息的无拘束感，对高校大学生的思想转变起到非常大的推动作用，使得思想政治教育工作在大学生群体中的开展变得更加困难。大学生产生抵触的情绪，对思想政治教育的效果造成直接的影响。

2. 留学日常化

在新的时代背景下，我国的改革开放还在继续深化，社会的就业形势日趋激烈，使得一部分大学生对于自己的就业前景不是十分乐观。一方面是大学生对自我的学业要求越来越高；另一方面是国内的教育机构和留学中介的不断宣传以及西方各国家对自己文化的渲染，促使他们做出去国外留学的选择。“留学热”在近几年的热度依旧很高，处于持续性上升阶段。一般来说，选择出国的学生会提前一段时间去进行系统的培训以此达到出国的要求，这其中包含：语言、礼节礼仪、生活习惯等。大学生在这个学习的过程中对国外的思想文化进行潜移默化的内化，与自己之前的行为规范、思想观念以及生活观念等互相碰撞与交融，不仅对留学生自身有所影响，而且在潜移默化之中去影响着周边的人，也对我国传递社会主义核心价值观的思想政治教育事业产生了一定冲击。

（二）培育大学生思想价值观的内在影响因素

目前我国的在校大学生以“90”后和“00”后为主。由于他们大多为独生子女，通常有他们的专属特征，比如自我性、优越性、独立性、依赖性等。我国经济近年来的高速发展引发连锁反应，使得独生子女在这样的新时代下产生一些新的特征。比如，同辈之间感情的紧密性，由于目前高校大学生主要以独生子女为主，与家中长辈、父母等家人之间存有代沟，与此同时和学校的教师之间又有着一些陌生以及距离感。这导致他们更加愿意选择与同龄人，即学校的同学或者是社会上的同龄朋友去沟通交流。他们之间会处于一种无话不谈的亲密关系，他们的感情会随着在学校中更多的相处而变得更加深厚，这也会导致他们与家里的父母、长辈以及学校里的教师之间越来越疏远。长时间保持这样的相处模式，互相谈论的想法以及话题，会逐渐影响他们的观念以及想法，使他们的思想随时间发生变化。但他们所谈论的话题以及内容有时会与我国思想政治教育的思想以及内容相悖，对我国社会主义核心价值观的传播产生一定的冲击。在这样的现状下，高校的思想政治教育要对其方向进行把握，以及有针对性地进行及时准确地引导。

二、培育大学思想价值观的对策

我国在思想工作领域的重要方法之一是思想政治教育。在新时期下，通过思想政治教育对当代大学生进行正确的规范以及引导，促使当下的在校大学生的思想向我国的主流意识形态靠近，使之更符合新时代的社会主义核心价值观，为实现中华民族的伟大复兴和“中国梦”奠定基础。

（一）提高网络在大学生思想价值观培育上的积极性

新时代下互联网产业的迅猛发展和网络移动端的日常化，互联网接收着来自世界各地的思潮以及文化，且通过这一媒介进行深入的交互和传递，人类进入了迄今为止最为活跃的信息交互时期。目前，高校学生的娱乐消遣工具主要还是网络，但这个工具并没有在思想政治教育上起到积极作用。因此，为了网络资源能够更好地服务于我国的思想政治教育，可以设置马克思教育的网站或者客户端，高校还可以设置实名制登陆以及组织线下交流。

首先，可以将思想政治教育的视频、音频、文字等资料放置在网络或者是客户端。其次，在客户端以及网络设置讨论区域，为学生提供讨论的领域，让学生有参与感，也可以更好地发挥内化作用，让学生由“要我学”转变为“我要学”。从国家的角度而言，要不断地去加强和完善网络监管机制，去筛选和过滤一些负面的信息，净化网络大环境。只有这样，才能发挥网络在思想政治教育领域中积极正面的作用，引导当代高校大学生树立正确的社会主义核心价值观，为马克思主义思想政治教育提供优良的外部环境。

（二）提高教育质量，缓解就业压力

目前，留学热潮只增不减，有越来越多的学生选择出国学习这条路。为达到出国这一目的，他们会被动地去接受一些西式教育，这种情况下会产生另外一个问题，就是他们所受到的西式教育会与我国的社会主义核心价值观产生一定的冲突，具体表现在思维方式、意识形态、行为习惯等方面。在我国改革开放的不断深化以及跨国境人才流动的时代背景下，一方面显示出各个国家之间越来越密切的交流；另一方面也揭示我国思想政治教育存在的一些问题和困境。我国高校大学生选择留学的原因多样，例如躲避国内的就业压力、享受国外优质的教育资源、对国外美好生活方式的向往等综合因素。其中最为重要的还是国内就业压力的因素。

很多学生之所以选择出国深造的原因是在对国内外高校在软件和硬件的对比之下，认为国外在这些方面远优于国内。但也有一部分学生在衡量自身时，发觉自身条件在与国内学生的竞争中处于劣势，无法找到心仪的工作。因此，在不断完善国内基础教育的同时，也应该更多地将目光投向高校教育上，加大对高校基础设施的投入，提高高校教师的学习环境，为他们提供更优质的选择。

除此之外，在提高高校教育质量的前提下，也可以扩大在国内的招生人数，尽最大可能将优秀生源留在国内培养，这也符合我国在新时代背景下人才培养的要求。新时代下，供给侧结构性改革、产业结构调整、人才战略等政策正在有秩序地进行着，对于缓解国内的就业压力有着非常大的意义，也为我国的思想政治教育提供良好的外部条件和环境。

（三）提高同辈群体思想政治教育环境塑造的重视程度

同辈群体环境的含义是由于在年龄、爱好、家庭背景等方面情况类似或是相同而促使关系较为亲密的群体关系。在之前的思想政治教育中对同辈群体环境塑造的重视程度不够，并且在新的时代背景下同辈群体环境也发生一些变化。同辈群体之间的相处时间逐渐增多，在校园里，他们会一起吃饭、上课、休闲娱乐；在寒暑假以及一些法定节日，他们通常也会选择与同学、朋友一起度过这段时间。伴随着相处时间的增多，亲密度也会逐步增加，同辈群体的相处也由学习逐步延伸到三观等多方面的深入交流，所产生的影响力以及感染力非常大，因此应当加大思想政治教育工作中对于同辈群体环境的重视程度。

在开展高校学生思想政治教育工作的过程中，思想政治教育者更应该以朋友的身份去融入同辈群体之中，多与他们接触交流，经过分析与观察，发现工作的突破点，以此作为工作开展的基础。在校外，教育者应当保持与受教育者家人的交流沟通，在充分尊重个人隐私的前提下，收集关于家庭方面的有效信息，为后期的思想政治教育工作的有效开展奠定一定基础。

任何事物的发展过程均是矛盾的普遍性与特殊性的统一。虽然教育活动不同，但是必然存在着一些相同或者是相似的规律与要素，其教育内容、教育途径以及教育目标上也有一些必然的联系。在新时代下，思想政治教育者要加强对思想政治教育变化规律的认识，了解对当下高校大学生思想变化的特点以及现状，不断强化思想政治教育的效果，具体性地提出对策，提高新时期高校思想政治教育的科学性以及效果性。

第四章

大学生心理健康教育研究

心理健康是指在身体、智能以及情感上与他人的心理健康不相矛盾的范围内将个人心境发展成最佳的状态。大学生心理健康教育一直是高校重视的一部分。本章主要围绕大学生心理健康、影响大学生心理健康的因素、开创大学生心理健康教育多元化的现状与形式、建立大学生心理健康教育的维护与促进模式展开论述。

第一节　大学生心理健康

一、大学生心理活动与健康发展的特点

（一）心理活动的特点

人的心理活动既具有自然的属性又具有社会的属性，自然性是其

基本属性，社会性是其本质属性。自然性是基本属性，是因为思维、意识是人脑的产物，而人本身又是自然界的产物，因此，人脑的产物归根结底亦即自然界的产物。但人总是在一定社会中生活，在人脑的形成过程中，除了自然进化的作用外，一个最根本的因素是劳动，即社会交往、社会实践。因此，人脑也是社会的产物，人脑本身的社会性决定了人的心理活动具有社会性。人的本质是一切社会关系的总和。

（二）心理发展的特点

1. 认知发展的特点

认知是一种认识过程，指人在认识客观事物的过程中，为了弄清客观事物的性质和规律而产生的心理现象。总体来说，大学生的认知发展已经达到了较高的程度，也逐渐形成了自己的认知风格。大学生不仅感知能力趋于完善，具有在抽象水平上精确地掌握理解各种事物及其关系的能力，而且在想象、独立思考等方面的能力也有很大的提升。

2. 情绪发展的特点

在生活中，情绪反映着每个人内在的心理状态。大学生正处在青年期，具有青年人共有的情绪特征，往往情感丰富、情绪体验强烈，两极化明显，容易激动也容易灰心丧气。总的来说，大学生的情绪特征正处于由波动性向稳定性逐步过渡的阶段。

3. 意志发展的特点

意志使人自觉地确定目的，并根据目的调节支配自身的行动，克服困难，实现预定目标的心理过程。它是人的意识能动性的集中表现。大学生的意志品质已呈现出较高的水平，但发展不平衡，总体上呈现六个特点：第一，自觉性有很大提高，但惰性不同程度地存在；第二，理智感大大增强，但自制力仍显薄弱；第三，有毅力，但持久性相对不足；第四，独立性明显提高，但伴有依赖性；第五，果断性增强，但带有一定的冲动性；第六，意志品质发展具有不平衡性和不稳定性。大学时期，大学生的各种意志品质迅速发展，但仍没有最后定型，有一定的可塑性。[1]

4. 自我意识发展的特点

进入大学的学生，其生活阅历与学习特点决定了大学生自我意识的独特性。第一，从大学生的自我认知来看，主要表现在自我分析的广度拓宽但深度不够，自我认识的自觉性和主动性明显提高，自我评价能力提高但缺乏客观；第二，从大学生自我体验看，其形式显现出丰富性、敏感性、波动性和深刻性等特点，其内容则显现出自尊和自卑共存、开放性与闭锁性同在等特点；第三，从大学生的自我调控看，自我控制能力较中小学阶段有所提高但仍然相对较弱，自我完善的愿望强烈但行动落后于想法。

---

❶ 李畅．积极心理学取向的大学生心理健康教育课程体系探索［J］．福建茶叶，2019，41（6）：165-166.

二、大学生心理健康的标准及其理解

（一）大学生心理健康的标准

根据大学生这一特殊群体的年龄特征、心理特征和社会角色特征，一般认为我国当代大学生心理健康的基本标准有以下四点内容：

1. 智力正常且情绪健康

（1）智力正常。智力是指一个人的活动能力以及认知能力能够达到的水平。智力是人类多种能力的综合，包括观察力、记忆力、注意力、创造力、想象力以及思维能力和实践活动能力等。一个智力正常的人会拥有以下几种能力：获取并保持知识的能力、在经验中学习或者理解的能力、面对新情境能够快速正确地做出应对的能力以及能够运用自己的推理有效地解决问题的能力等。

大学生在学习中能否胜任学习任务，以及在生活和工作中是否能够适应周围环境的变化是由大学生的智力是否正常来保证。换而言之，一个大学生心理健康的基本标准是智力正常。从大环境而言，大学生的智力是普遍正常，甚至要高于同龄人的，因此要从大学生的智力能否充分发挥效能这一角度来衡量大学生的智力水平。判断大学生的智力正常的标准为：要具备强烈的探索欲与求知欲，乐于学习，以及构成智力的各个要素在大学生的认知与实践活动中能够积极协调地参与。

（2）情绪健康。情绪健康是判断大学生心理健康的一个重要指标，它的主要标志为：情绪稳定且心情愉悦。一个人的情绪对他的身心健康会起到很大的作用，情绪异常一般是心理疾病的预兆。以下三点是判断大学生情绪健康的标准：第一，愉悦的情绪多于不愉悦的情绪，对外表现为：富有朝气、乐观、开朗、对生活充满热情与希望、善于自得其乐。第二，情绪稳定性高，要善于控制自我情绪、调节自我情绪，在适当的场合能够适宜地表达出自己的情绪，且不经常失控，在表达情绪时要符合自我的需要以及社会的要求。第三，情绪的反应是由于适当的原因引起，反应的强度要与引起情绪的情境相符合。即情绪的表达需要有合适的理由，不能无缘无故地产生情绪。

2. 意志健全且人格完整

（1）意志健全。意志指的是人在完成有目的的活动时所进行的选择、决定并执行的心理过程。意志健全的人在行动中会表现出较高的自觉性、果断性、顽强性以及自制力。

意志健全的大学生能够在进行活动时根据遇到的问题适时地做出决定，并且能够找到有效的方法去解决它，拥有自觉性和目的性，遇到挫折时也会采取合理的反应方式控制自我情绪和言行。

（2）人格完整。在心理学上，人格指个体比较稳定的心理特征的总和。个人所想、所说和所作所为一致、协调，便是拥有健全完整的人格，即人格完整。大学生的人格完整主要有以下三点标志：第一是组成人格结构的各个要素要完整统一；第二是具有正确的自我意识，不能产生自我同一性混乱；第三是人格的核心必须是积极进取的人生观，通过正确的人生观将自己的需求、愿望、行为和目的统一。

3. 自我评价适当且人际关系和谐

（1）自我评价适当。大学生心理健康的另一个重要条件是自我评价适当。大学生认识自己的途径是通过在现实中与他人的相互关系以及各种实践活动。心理健康的大学生对自己的认识应该是接近客观现实。

（2）人际关系和谐。大学生同社会上的人一样，需要处理人际关系。大学生人际关系和谐的表现为以下六点：第一，有稳定且广泛的人际关系，有知心朋友，乐于与人交往；第二，在交往中保持自己独立完整的人格；第三，能够客观地评价自己和别人，善于吸取他人之长弥补自己之短；第四，乐于助人，宽以待人；第五，积极的交往态度多于消极的交往态度；第六，拥有端正的交往动机。

4. 适应能力强

心理健康的一个重要特征是具备较强的适应能力。导致大学生心理障碍的一个重要原因是大学生不能有效地处理自己与周围环境的关系。对于心理健康的大学生，他能够和社会保持良好接触，对社会现状有着正确清晰的认识，从思想和行动上能符合社会的要求，并紧跟时代的发展。此外，他在自身需求和对未来的规划中与社会需求产生矛盾时，能够快速进行自我调节，与社会需求协调一致。

（二）大学生心理健康标准的理解

人们在理解和运用心理健康标准时应注意以下三点：

1. 心理健康具有动态发展性

心理健康状态并非静止的，而是处在不断变化之中。它随着人的成长、环境的变化而改变。所以，应用发展变化的眼光判断大学生的心理健康状况。事实上，有些不健康的心理行为可能是人在成长中不可避免的发展性问题，或暂时性的心理表现，其状况会随着自身的发展而自行消失。

2. 心理健康具有整体协调性

大学生把握心理健康的标准，应以心理活动为本，考察其内外关系的整体协调性。从心理过程看，人的心理活动应是一个有机统一的协调体，认知是健康心理的起点，意志行为是人格的体现，情感是认知与意志行为之间的中介因素。只有认知、意志、情感以及行为协调统一，一个人才能实现心理健康。从个性角度看，稳定性是个性的基本特征。因此，若没有受到明显的外部因素影响，一个人的个性是不会轻易发生变化的，否则说明其心理健康状况可能发生了变化。[1]

3. 心理健康具有差异性与延伸性

组成心理健康标准的各要素，在个体身上并非同等发展，而是具有差异性的。即某些心理要素可能比另一些心理要素表现得更健康些或更不健康些，而且在不同的时间和场合可能会有所差异。

心理健康标准反映的是个体良好地适应社会生活所应具备的心理状态的一般要求，而不是最高的心理境界，即心理健康具有延伸性。所以，为了充分发挥自身潜能，达到最大可能的自我实现，每个人都应该把提高心理健康水平、充分发挥自身潜能、促进自己全面发展作

[1] 李奇虎，俞雅莲. 创新思政教育培养大学生健康心理［J］. 中国成人教育，2019（6）：51-53.

为自己终其一生的发展任务。

需要强调的是，心理是否健康需要心理专业人员鉴定，大学生不可对号入座或随便给自己和他人贴上某种标签，以免产生不良的心理暗示。

第二节　影响大学生心理健康的因素

大学生的心理健康问题是生物、心理、社会诸因素作用于个体的结果，值得重视的是心理、社会因素对大学生心理健康的影响。

一、大学生心理健康的内在影响因素

（一）生物学影响

对大学生的心理健康产生影响的生物学因素主要有以下两种：

（1）神经系统发育的健全性。神经系统发育不健全，如大脑皮层和皮层下神经组织之间的相互协调作用有某种障碍，大脑皮层的兴奋和抑制过程的协调作用有某种障碍等，均可导致心理出现某种偏差。神经类型属弱型的人更容易受到不良因素的影响而出现不健康的心理行为。

（2）生理发育因素。个体生长发育状况、人体的某些生理特征（男生的身高、女生的体形以及外貌等）都会给大学生带来心理压力，对其心理健康产生一定的影响。

（二）心理影响

个体心理因素是影响和制约大学生心理健康的主要内因，一般来说有以下六点：

（1）认同的危机。大学阶段正是大学生解决"自我同一性"危机的时期。大学生不断地反省自我和人生，思索着自己、社会以及两者之间的关系。在确定"自我同一性"的过程中，大学生会经历各种内心矛盾和迷惘，情感起伏大，容易诱发一些心理障碍。而"认同危机"解决得如何，本身也是衡量心理健康水平的标准之一。[1]

（2）挫折承受能力。一方面，由整个社会的紧张性刺激增多而带来的应激或压力在广度和深度上都在增加；另一方面，不少大学生的心理素质却远远跟不上，在"过度保护"的环境中成长起来的大学生，相当一部分人心理素质脆弱。

（3）情绪调整力。大学生正处在情绪最强烈而又最动荡的时期。他们的情绪富有冲动性，时常摇摆不定。因此，容易缺乏冷静的思考，因而常会因做错事而懊丧悔恨。同时，由于情绪具有弥散性的特点，大学生对事物的判断有时会失去客观性，表现在对挫折的判断上往往会以点概面。

（4）个性发展状况。同样的环境因素，同样的挫折，不同的个体有不同的反应模式，这与人的个性有直接关系。

---

[1] 蒋诗泉，郭洪波．大学生心理健康的影响因素及对策［J］．上海体育学院学报，2003，27（6）：144-145.

（5）人生观。大学生一方面正处于人生观逐步确立阶段；另一方面又面临多元价值体系的选择，加之某些社会思潮的影响，使得人生观的确立变得困难而复杂。人生观的动荡模糊往往会影响大学生对事物的评价，使得他们在遇到困难、挫折时产生情感波动，不能正确对待，尤其是错误的人生观往往限制了他们的视野，使他们经受不住心灵的创伤。

（6）内心矛盾冲突。青年期的大学生正处在由不成熟趋向成熟的过程中，成熟与不成熟常常交叠在一起，这典型地反映在他们的内心矛盾冲突中。例如，自立与依赖的矛盾，自信与自卑的矛盾，理想与现实的矛盾，知与行的矛盾，感情与理智的矛盾，需要与满足的矛盾等。当一个人长期处于内心矛盾中或内心矛盾冲突的强度过大时，加之外界某些事件的作用，就可能破坏心理平衡而出现心理障碍。

大学生的内心敏感又脆弱，很容易受到伤害，当不良的社会环境因素与不良的生理、心理因素交互作用时，就会导致心理健康问题。因此，特别需要加强心理健康教育。

二、大学生心理健康的外在影响因素

影响大学生心理健康的外在因素主要来自家庭、学校和社会三个方面。

（一）家庭影响

家庭是人生的奠基石，父母是孩子的第一任老师，对孩子成才的影响是长久而深远的，这种影响包括过去生活中造成的和此时此刻正在发生的。家庭因素中比较重要的有家庭的情绪氛围、家庭经济状况等。

（1）家庭的情绪氛围。家庭氛围是身处其中的人形成良好心理素质的前提，家庭成员间的语言及人际氛围直接影响着家庭中每个成员的心理。家庭成员之间关系和谐、融洽，能相互体谅、相互关心，尽管遇事会产生意见分歧，但在原则问题上能团结一致。在这种氛围下，子女不但能体会到关怀、幸福和温暖，而且能学会与人沟通、交流与合作的方法，从而使子女的思维、意志、能力等得到和谐发展，并从中获得安全感，形成乐于接受教育的自觉性。因此，良好的家庭氛围有利于青少年形成健康的心理和健全的人格。[1]

（2）家庭经济状况。在人们遭受的挫折中，贫困是比较常见和短期内难以改变的。随着我国高等教育深化改革和社会贫富差距拉大，贫困生作为大学校园中的一个特殊群体，承受着较大压力，甚至陷入“心理贫困”状态。家庭经济状况也会影响大学生的心理健康。贫困大学生由于家庭经济条件差，生活压力重，往往也容易在心理上承受较大的压力。但有一部分贫困大学生自强自立，反而比一般的大学生成长得更快。

（二）学校影响

大学生之前接受的教育使他们在进入大学后仍存在对家长和老师的依赖心理，不能适应大学的自主学习模式。大学是大学生生活、学

---

[1] 李国强，王旭红. 影响我国大学生心理健康的家庭因素综述［J］. 高教发展与评估，2009，25（6）：74-80.

习的主要场所，学校的环境和教育对大学生的心理健康有着更直接、更深刻的影响。概括起来，影响大学生心理健康的不良校园因素主要有以下四种：

（1）人际关系因素。大学生的人际交往网络要远远比高中生宽广和丰富，当然与大学生打交道最多的还是老师和同学，对其心理影响最大的也是老师和同学。由于来自不同的地域，学生的文化背景、价值观念、生活习惯、个性、兴趣等有所不同，加之人际交往能力不强等因素，容易与人发生摩擦和冲突，导致人际关系紧张，特别是同寝室同学之间更容易发生矛盾纠纷，从而影响心理健康。老师对待学生的态度、行为及其素质等也会对学生的心理造成深刻的影响。

（2）学习生活的压力。大学生的主要任务是学习，因此学习状况成为影响大学生心态的重要因素。许多大学生常常为自己的学习成绩和未来的就业担心，时常感到学习压力大。这种压力一方面来自繁重的学习任务、不当的学习方法、过多的证书考试，精神长期过度紧张；另一方面来自大学里竞争内容的扩展，竞争不再仅仅局限于学习成绩，还包括各种知识能力、特长的比较。

（3）课余文化生活。大学生活应该是丰富多彩的，关键是自己能不能把握。一些大学生因为兴趣少、活动技艺不足，加之娱乐场所、器材缺乏，觉得与想象中的丰富多彩的大学生活相去甚远。

（4）就业压力。随着我国高校招生规模不断扩大，每年的毕业生数量大量增加，求职市场呈现人才过剩的现象。有些大学生就业期望值过高而自身就业准备又不充分，这些都容易造成沉重的压力。

(5) 素质教育的落实。尽管素质教育已实施多年，但应试教育的影响依然存在。近年来高校心理健康教育越来越受到重视，但发展很不平衡，与大学生的需求相比，与社会发展对人才心理素质的要求相比，还有一定距离。因此，无论是在学校，还是将来走上社会，学生们普遍呼吁要进一步加强心理健康教育，以提高心理健康的维护、促进能力。

（三）社会影响

急剧的社会变革和科学技术的高速发展，使大学生面对的社会刺激日益增多，对他们的心理健康造成了一定的影响。现代化的过程既是经济发展、生活环境变化的过程，更是社会结构、生活方式、价值观念、行为模式变革的过程，是民族文化、国民性格变迁的过程。现代化带来了社会的发展和人民的幸福，也带来了负荷和危机，它在增进人们健康的同时，也制造了新的有害身心的因素。

社会急剧变革，导致多种社会问题凸显：人口膨胀、交通拥挤、空气污染、社会关系紧张和社会阶层复杂多变等，构成了不良的心理应激；现代社会的生活节奏加快，竞争加剧，在很大限度上加重了大学生的心理压力；社会信息化、网络化的瞬息万变，给大学生的心理适应能力带来了巨大的冲击；多种文化的交汇所带来的冲突、观念的多元和多变，使部分大学生失去了稳定感。[1]

---

[1] 许同海. 影响大学生心理健康的社会因素［J］. 武汉体育学院学报，2005，39（12）：48-50.

综上，需要指出的是，以上这些因素并非是单一地对个体产生影响的，而往往是多个因素共同作用于个体。此外，有些因素对有些大学生也可产生积极的影响。各种环境因素通常需要通过个体内在的心理因素（例如人格）的中介或调节机制影响个体的心理健康水平。当遭遇不利的应激环境时，若能够妥善地予以应对，主动改造环境以利于个人和社会的健康发展，或者改变自己以顺应环境，那么在此过程中，这些学生便能增强适应环境的能力，并增加其健康人格特质的负载量。目前人们经常提到的两种相关的健康人格特质是坚忍性和心理弹性。拥有健康人格是所有大学生的人生理想；目前在我国大学生中广泛开展的心理健康教育，所要达到的根本目的便是培育和优化各种心理健康素质，即健康（健全）人格。

第三节　开创大学生心理健康教育多元化的现状与形式

一、多元化背景下大学生心理健康的现状与存在的问题

（一）多元背景下大学生心理健康的现状

当代大学生的教育现状是大学生面临着学业与就业的双重压力，且由于当代大学生基本是独生子女，因此当代大学生处理困难的能力

与自身心理调节能力都相对较差。在这种情况下，为了帮助大学生保持良好心态以及健康心理，开展大学生的心理教育工作很有必要，同时这也是心理教育工作者的责任和义务。当代大学生主要面对以下两点的心理健康问题：

第一是学业压力。大学生一般会遇到两方面的学业压力，其中一方面来自于家庭，由于当代大学生基本都是独生子女，因此他们承载着整个家庭的希望，这也导致家长们对孩子的期望过高，给孩子造成很大的心理压力，因害怕自己达不到父母的期望而很难全身心投入到大学学习中；另一个方面则来自于环境的压力，即周围同学给的压力，大学生活中的学习需要很强的自控性，与高中学习截然不同，导致很多学生进入大学后无法适应大学的学习生活，与周围同学的学习成绩差距越来越大。这会导致大学生从心理上开始焦虑，造成对心理健康的影响。[1]

第二是人际关系间的压力。大学生活是学生从学院步入社会的一个过渡阶段，大学期间的人际关系已经开始从同学之间转变为社会中的人际关系。在这个阶段中，学习如何处理与身边人的人际关系十分重要。同学间、朋友间抑或是与教师辅导员之间的关系都有可能产生矛盾，如果没有提高人际关系处理能力，那么这样的问题一旦发生，便会给大学生带来很大的心理压力。所以大学生心理健康教育的另一

---

[1] 王燕，赵来，谷家川．关于大学生心理健康教育模式多元化的研究［J］．山东农业工程学院学报，2018，35（10）：76-77.

个重点是如何妥善处理人际关系。

（二）多元化背景下大学生心理健康存在的问题

美好人生的基石是人类的道德和情感，而道德和情感最重要的支柱是健康的心理。大学生作为学生与“社会人”之间的过渡阶段，已经初步具备步入社会所需要的情感和责任。为了大学生能够健康地步入社会，成为一个身心健康的“社会人”，教育者们需要时刻引导大学生们自省、自修、自知、自励、自警以及自慎，同时教育者们也需要使用自己的情感、理智来潜移默化地培养大学生们，引导他们拥有健康的心理状态。在目前多元化背景下，大学生的心理健康教育存在两个问题：

（1）各大高校的心理健康教育者不足（师资不足）。现如今的很多高校是由大学生的辅导员兼任心理辅导教师的工作，但是由于辅导员本身的日常工作较多，因而并不能很好地处理大学生们的心理教育工作。影响大学生心理状态的来源有三个，分别是家庭、学校以及自身，因而当代的大学生心理健康变得越来越复杂，所以需要提高心理健康教育者的能力。但是由于目前大部分高校在这一点上做得并不够，而导致师资力量严重不足。

（2）心理健康教育方法比较单一。在目前的高校中，对于心理健康的教育方法非常单一，大部分的高校对于心理健康教育只是由教师在课堂上讲解理论知识。虽然现在运用多媒体等高科技技术来丰富课堂的趣味性，但是大学生们仍然对心理健康方面的兴趣不高，这也是因为心理健康方面的理论知识过于单调。

二、大学生多元化心理健康教育模式的形式

（一）校园心理辅导

第一，配备专业的心理健康教育教师。在现代的大部分高校中，心理教师这一职位是由其他科的教师兼职担任，并没有专业的心理健康教育教师。由于高校不够重视心理健康教育，导致心理健康教育质量得不到提高。解决这一问题的方法是配备专业的心理健康教育教师。他能够针对大学生的各种心理问题对症下药，采取不同的辅导方式，有效解决大学生的心理健康问题，才能做好大学生的心理健康教育工作。[1]

第二，建立心理健康教育中心。心理健康教育中心应该配备以下设施：咨询室、发泄室、教育中心、沙盘游戏室等。心理健康教育中心的功能是为大学生提供心理服务，及时的咨询服务，对不良情绪的宣泄、排解，以及不定期地对大学生进行心理健康教育培训等。它是为了帮助大学生解决心理问题而设立。

第三，开展角色换位活动。 前文说到大学生的心理压力有很大一部分来自于人际交往。开展角色换位活动可以让大学生学习如何考虑别人的感受，同时也可以引导大学生说出自己内心的真实想法，在与

---

[1] 戴艳. 探索价值观多元化条件下的大学生心理健康教育［J］. 教育与职业，2007（6）：90-91.

同学讨论的期间学会对他人的关心，学习如何帮助别人。大学生所面对的心理压力另一部分来自于家庭即父母，教师可以与心理压力大的大学生父母进行沟通。大学生在出现心理压力后可以通过这种方式找到压力的源头，以解决问题，学会如何与父母进行有效沟通。

第四，定期针对大学生开展心理健康教育讲座。心理健康教育者需要针对大学生们经常出现的心理问题展开讲座，通过普及心理学知识，结合一定的案例教导大学生们如何面对心理问题，并且教会大学生们如何排解心理问题。讲座主要包括青春期教育、人际交往辅助、大学生如何适应环境、指导学习方法等方面。

（二）情景体验式的运用

在心理健康教学方法中有一种是通过教师创建不同的情景，让大学生们进行实际体验的方法，叫作情景体验式心理健康教学方法。这种方法可以全面提高大学生的心理健康教育质量。另一个解决大学生心理健康的方法是组织大学生们参加情景模拟，通过情景再现让大学生们自己领会对于心理问题的处理方法，从而锻炼在实际生活中遇到问题时的解决方法与解决思路，同时也可以进行理论方面的研究分析。情景模拟主要是针对大学生可能遇到的社会问题进行情景在线，大学生在这个情境中分为参与方与观察方。参与方需要对自己扮演的角色进行理解和判断，从而展现出自己意愿；观察方则需要准备进行心理分析，观察参与方每个人的行为。

如今高校大学生的心理健康教育平台随着教育理念以及科技水平的提高，变得越来越多。大学生的人际交往以及认知能力和心理发展受到多元化的社会发展的很大影响，因此体现出构建多元化模式的心理健康教育的重要性。心理健康教育者也需要不断完善自己的心理健康教育内容，不断学习提高自己，使用正确的、合理的教学方法与理念。高校方面也要构建大学生心理健康教育的新型模式，壮大心理健康教育队伍，提升大学生心理健康教育质量。

第四节　建立大学生心理健康教育的维护与促进模式

教育部发布的《普通高等学校学生心理健康教育课程教学基本要求》中指出：加强和改进大学生心理健康教育是全面落实教育规划纲要、促进学生健康成长、培养造就高级专门人才的重要途径，是全面贯彻中国共产党的教育方针、建设人力资源强国的重要举措，是全面提高高等教育质量、加强和改进大学生思想政治教育的重要任务。大学生心理健康的重要性已越来越为大家所认知，如何提高大学生的心理健康水平正在成为高等教育的重要任务，成为每个大学生关心的重要问题。

一、建立大学生心理健康教育的意义

高校心理健康教育是面向全体大学生的教育，是为了大学生的健

康、快乐、成功。具体地说，心理健康对大学生的健康成长、全面发展具有以下几方面的意义：

（一）心理健康是大学生成才与提高综合素质的保证

1. 大学生成才

实现大学生的心理健康，是大学生心理健康教育的最终目的，而心理健康对大学生成才是至关重要的。人的一切思想、行为和活动都是以一定的心理活动为前提的，都是在人的心理调节下进行的。因此，大学生能否成才，在很大程度上取决于其心理是否健康。

第一，大学生的心理健康状况直接影响大学生的学业。教学的效果在很大程度上取决于学生的内在心理状态如何，积极、热情的情绪是推动学习的内在动力。健康的心态能强化人的智力活动，促进智力的发展，从而有利于学业的完成。心理健康的大学生，学习效率高、效果好。大学生有广泛的兴趣爱好和强烈的好奇心，在完成专业课程的学习后，能广泛阅读各种课外书籍，丰富和完善自己的知识结构。具有健康心理的大学生能正视学习和生活中遇到的各种问题，积极克服内外干扰和困难，努力进行自我调节，更好地去适应大学生活，保证学业的顺利完成。

第二，大学生心理健康状态直接影响潜能的开发。教育的目的之一就是要开发受教育者的潜能。良好的心理健康素质和潜能开发是相互促进、互为前提的，健康的心理，如良好的自信心、积极的情绪、坚强的意志、完善的人格等，能使人的感知变得敏锐、思维趋于灵活、记忆力获得增强、头脑更加清醒、精神更加饱满，因而容易形成新的神经联系，促进大脑功能的发育、心理效能的发挥，最终使其潜能得到充分发挥。

2. 大学生提高综合素质

从发展心理学的角度看，每个人生发展阶段都有相应的发展任务，一个人的发展就是不断完成其人生发展任务的过程。而心理健康是完成好这些任务的保证。同时，这些任务的完成情况又会直接影响人的心理健康，两者相辅相成。

心理素质包括智力素质和心理健康素质，智力素质为认知能力，心理健康素质主要指人格。大学生综合素质（包括科学素质、道德素质、人文素质等）的提高，在很大程度上要受到心理健康素质的影响。大学生各种素质的形成，要以心理健康素质为中介，创造意识、自主人格、竞争能力、适应能力的形成和发展要以心理健康素质为先导。心理健康素质是激发和促进人的全面发展的内在动力。它不仅影响大学生其他素质的形成与发展，还影响大学生其他素质的发挥。从这个意义上可以说，大学生综合素质的强弱，主要取决于大学生们心理健康素质的高低。[1]

（二）心理健康是大学生人格健全发展与适应生活的基础

大学阶段是大学生人格形成和发展的阶段，不仅要重视知识的获得、智能的提高，而且要重视优良品质的形成和健全人格的塑造。健康的心理与大学生的人格发展密切相关，并直接影响个体人格的发展

[1] 瞿珍．大学生心理健康［M］．上海：华东理工大学出版社，2018.

水平。健全人格的标准，其实就是人的心理健康的高层次标准。因此，健康的心理是大学生人格健全发展的基础，它有助于大学生人格的健康、全面及和谐的发展。

适应具有重要的意义，大学生经过努力的拼搏和激烈的竞争，跨入了大学，进入了一个全新的生活天地。大学生适应能力强与弱在很大程度上取决于心理健康的水平高低。心理健康的大学生，能与现实保持良好的接触，对周围的事物常有清醒的认识，既有高于现实的理想，又不沉湎于幻想，对生活中各方面的问题和困难不回避，积极进取，能以切实有效的方法加以处理。

科技的发展、经济的振兴，乃至整个社会的进步，都取决于优秀人才的培养和人才素质的提高。而心理健康水平、心理素质是人才素质系统的基础。因此，大学生的心理健康状态不仅关系到大学生个人的成长，还关系到民族素质的提高。

二、大学生心理健康教育维护与促进的方法

维护和增进大学生心理健康是高等教育的重要目标，也是每个大学生健康成长的内在需要。影响大学生心理健康的因素既有客观的外在因素，也有主观的内在因素。而外因是通过内因起作用的。因此，要维护和增进大学生心理健康，需要做到以下五方面：

（1）强化心理健康意识。心理健康意识的确立是关键的第一步。心理健康知识是大学生增进自我了解，进而达到自我调节的理论依

据。实践证明，系统学习过心理健康知识的大学生，在自我调适、自我疏导方面普遍表现较好，适应能力较强。因此，大学生应认真学习心理健康课程，积极参加心理健康专题讲座，自觉阅读有关心理健康教育的课外读物，登录心理健康网站学习知识或收听、收看有关的广播、影视节目等。[1]

（2）学会自我心理调适。大学生的自我心理调适包括调整认知结构，完善自我意识，学会情绪调节，锻炼意志品质，丰富人际交往，提高适应能力，塑造健全人格等。

（3）参加社会实践活动。人的心理是在社会文化交往、社会实践活动中形成和发展的，因而健康丰富的社会文化交往、社会实践活动不仅有利于大学生丰富生活知识和情感体验，增长和发展智能，锻炼意志品质，提高实践能力和心理素质，而且有利于大学生自我教育能力的增强。只有在社会文化交往和社会实践活动中，大学生才能充分发挥自身的主观能动性，才能积极、主动、自觉地进行自主探索和自我发展，并在自我发现、自我分析、自我判断、自我选择、自我解决问题的过程中成长和发展，在参与活动中获得亲身体验和感悟，进而实现“内化”，促进自身心理健康。

（4）养成健康的生活方式。生活方式是指人们在日常生活中，由个人情趣、爱好和价值取向等决定的活动形式和行为特征。健康的生

---

[1] 王楠．互联网环境下的大学生心理健康教育实践——评《大学生心理健康教育与发展》[J]．新闻爱好者，2019（8）：115.

活方式是一个人身心健康的重要保障。一般来说，生活方式健康的人往往心理健康状况较好，反之则心理健康状况欠佳。对大学生而言，健康的生活方式主要包括：作息合理、膳食平衡、用脑科学、运动适度。

（5）寻求专业心理咨询。不少大学生在产生心理问题后习惯于自我调适，但当心理压力很大时，自我调适的效果相对较差。此时就应积极取得家庭、学校和社会的支持，争取亲朋好友的帮助。

现代社会比以往任何社会都更需要健康、优良的心理素质。维护和增进大学生心理健康，是大学生自身的事情，只有通过大学生的积极参与和不断努力，才能实现心理健康与充分发展。

参考文献

[1] 郑禹. 大学生能力体系研究 [M]. 合肥：中国科学技术大学出版社，2008.

[2] 张亚丹. 大学生思想政治教育价值论 [M]. 北京：人民出版社，2017.

[3] 瞿珍. 大学生心理健康 [M]. 上海：华东理工大学出版社，2018.

[4] 樊丽娟. 浅谈当代大学生的知识素养 [J]. 学理论，2012 (8)：203-204.

[5] 郝福生. 转知成慧：知识是何以育成核心素养的 [J]. 当代教育与文化，2019，11 (5)：38-42.

[6] 王克平，郭小芳，苏艳丽，等. 新市民知识素养评价体系构建与实证研究 [J]. 现代情报，2019，39 (4)：69-75.

[7] 潘丽莎. “互联网+”时代下高职学生人文素养教育问题研究 [J]. 福建茶叶，2019，41 (5)：31.

[8] 王东莉. 人文素养：知识经济时代科技人才的重要素养 [J]. 科学

管理研究，2002，20（5）：57-59.

[9] 王溢泽，郭云飞，王帝昭. 基于核心素养的特色校本课程构建［J］. 教学与管理（理论版），2019（10）：51-53.

[10] 蔡清田. 论核心素养的课程发展［J］. 中小学教师培训，2019（9）：32-36.

[11] 李颜如. 核心素养内涵的人性基础建构［J］. 南通大学学报（社会科学版），2019，35（5）：111-118.

[12] 刘佳. 面向核心素养培养的课堂深度学习促进思路［J］. 教学与管理（理论版），2019（9）：99-101.

[13] 于丽君，江婧，王聪. 基于核心素养的教研组建设的途径［J］. 教育导刊（上半月），2019（9）：62-66.

[14] 彭文波，吕琳，徐陶. 大学生专业满意度与学习投入的关系：自我调节学习能力的中介作用［J］. 西南师范大学学报（自然科学版），2017，42（10）：146-152.

[15] 环敏. 合作学习：大学生创新能力培养的价值意蕴［J］. 物理教师，2009，30（10）：64-封3，53.

[16] 王淑静，张文君，张家宁，等. 实行三位一体对接模式提高大学生实践和创新能力［J］. 实验室研究与探索，2019，38（3）：178-180.

[17] 马国勇，史元. “双创”教育对大学生实践能力的影响机制研究［J］. 继续教育研究，2019（2）：34-39.

[18] 曹馨蕾. 高校素质教育对大学生创新能力培养的影响［J］. 文教

资料，2019（6）：128–129.

[19] 付坤，于漫，刘建明，等. 基于创新素养养成的大学生课外培养计划构建与实施［J］. 实验室研究与探索，2019，38（6）：185–187.

[20] 高志刚，周惠玉，宋作忠，等. 高校大学生创新能力培养现状分析［J］. 学校党建与思想教育，2018（23）：67–68.

[21] 康齐力，杨帆. 论大学生创新能力构成要素［J］. 继续教育研究，2018（7）：57–60.

[22] 李军红. 大学生创新能力评价与培养研究［J］. 经济研究参考，2017（34）：128–137.

[23] 李琳. 大学生思想政治教育与社会主义核心价值观培育——评《大学生思想政治教育：实践与探索》［J］. 领导科学，2019（20）：125.

[24] 黄海鹏，门瑞雪，曲铁华. 短视频文化影响下的大学生价值观现状透视［J］. 学校党建与思想教育，2019（18）：86–89.

[25] 刘勇，杨也. 思想政治理论课视阈下大学生政治价值观的培育路径［J］. 学校党建与思想教育，2018（17）：24–27.

[26] 王楠楠. 新媒体对大学生价值观的影响［J］. 现代教育科学，2018（4）：28–33.

[27] 韦炜. 浅析网络文学对大学生价值观的影响［J］. 芒种，2017（20）：32–33.

[28] 何海霞，王宁初. 中国传统文化对高校大学生价值观的影

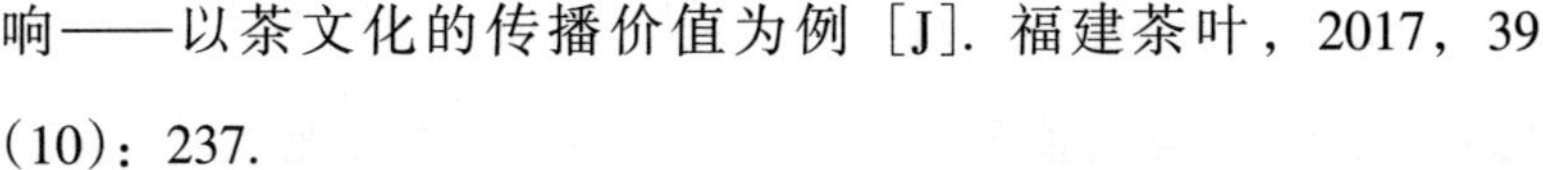

响——以茶文化的传播价值为例［J］. 福建茶叶，2017，39（10）：237.

［29］杨联星，李四维，刘建南. 论微文化视域的大学生理想信念教育话语权建构［J］. 重庆大学学报（社会科学版），2018，24（1）：164-172.

［30］伍家岐. 新时代高校大学生思想变化的影响因素及对策［J］. 四川省干部函授学院学报，2018（4）：51-54.

［31］刘琦. 当前大学生思想政治教育中存在的问题及对策研究［J］. 南方论刊，2019（6）：104-106.

［32］李畅. 积极心理学取向的大学生心理健康教育课程体系探索［J］. 福建茶叶，2019，41（6）：165-166.

［33］刘欣. 大学生心理健康教育的理论与实践研究——评《大学生心理健康理论与方法》［J］. 高教探索，2019（1）：129.

［34］李奇虎，俞雅莲. 创新思政教育培养大学生健康心理［J］. 中国成人教育，2019（6）：51-53.

［35］许同海. 影响大学生心理健康的社会因素［J］. 武汉体育学院学报，2005，39（12）：48-50.

［36］李国强，王旭红. 影响我国大学生心理健康的家庭因素综述［J］. 高教发展与评估，2009，25（6）：74-80.

［37］蒋诗泉，郭洪波. 大学生心理健康的影响因素及对策［J］. 上海体育学院学报，2003，27（6）：144-145.

［38］王燕，赵来，谷家川. 关于大学生心理健康教育模式多元化的研

究［J］. 山东农业工程学院学报，2018，35（10）：76–77.

［39］戴艳. 探索价值观多元化条件下的大学生心理健康教育［J］. 教育与职业，2007（6）：90–91.

［40］王楠. 互联网环境下的大学生心理健康教育实践——评《大学生心理健康教育与发展》［J］. 新闻爱好者，2019（8）：115.